15秒课堂管理法

[英] 罗博·普莱文 Rob Plevin

TAKE CONTROL OF
THE NOISY CLASS

From Chaos to Calm in 15 Seconds

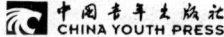

图书在版编目（CIP）数据

15秒课堂管理法：让上课变得有料、有趣、有秩序 /（英）罗博·普莱文著；杨惕，冯琳译.
— 北京：中国青年出版社，2017.10
书名原文：Take Control of the Noisy Class: From Chaos to Calm in 15 Seconds
ISBN 978-7-5153-4849-0

Ⅰ.①1… Ⅱ.①罗… ②杨… ③冯… Ⅲ.①课堂教学 – 教学管理 Ⅳ.①G424.21

中国版本图书馆CIP数据核字（2017）第183980号

© Rob Plevin 2016, Illustrations Les Evans 2016
This translation of Take Control of the Noisy Class: From Chaos to Calm in 15 Seconds is published by arrangement with Crown House Publishing Limited
Simplified Chinese translation copyright © 2017 by China Youth Press.
All rights reserved.

15秒课堂管理法：
让上课变得有料、有趣、有秩序

作　　者：	[英]罗博·普莱文
译　　者：	杨　惕　冯　琳
责任编辑：	肖　佳　麦丽斯
美术编辑：	李　甦
出　　版：	中国青年出版社
发　　行：	北京中青文文化传媒有限公司
电　　话：	010-65511272/65516873
公司网址：	www.cyb.com.cn
购书网址：	zqwts.tmall.com
印　　刷：	大厂回族自治县益利印刷有限公司
版　　次：	2017年10月第1版
印　　次：	2024年10月第16次印刷
开　　本：	787mm × 1092mm　1/16
字　　数：	185千字
印　　张：	14.5
京权图字：	01-2016-7101
书　　号：	ISBN 978-7-5153-4849-0
定　　价：	49.00元

版权声明

未经出版人事先书面许可，对本出版物的任何部分不得以任何方式或途径复制或传播，包括但不限于复印、录制、录音，或通过任何数据库、在线信息、数字化产品或可检索的系统。

中青版图书，版权所有，盗版必究

目 录

前言 如何在15秒内让课堂安静有序
007

第一部分 掌控课堂纪律，轻松驾驭课堂
015

第一章 快速改善课堂纪律必须要知道的事 017
  态度决定一切 / 017
  高效课堂管理的准备工作 / 020
  互相尊重：我们的反应方式决定孩子们如何反应 / 025
  建立班主任、家长、老师的互动关系 / 032

第二章 怎样管班才有效：建立日常规范 036
  如何在教室里建立节约时间的日常规范 / 038
  怎么应对不守规矩的学生 / 040
  有效管理课堂必备的准备工作 / 041

第三章　给学生清晰的示范说明　044
　　　　让学生遵循教导的六种方法 / 046

第四章　让学生从错误中学会反思的"后果"措施　053
　　　　让"后果"真正有效的四种办法 / 054
　　　　有效采取"后果"措施的四个步骤 / 067
　　　　"后果"措施怎样立即终止不当行为 / 071

第五章　建立良好师生关系，不吼不叫管好纪律　075
　　　　为什么要致力于建立良好的师生关系 / 076
　　　　快速建立积极关系的两点必备要素 / 078
　　　　打开学生心扉的沟通方式 / 080
　　　　三种顺利展开谈话的办法 / 085
　　　　怎样快速记住40个学生的名字 / 088

第六章　课堂上的正面管教　101
　　　　赞美带来的转变 / 101
　　　　如何让赞美更有效 / 104
　　　　有效使用赞美方法：学生更配合 / 108
　　　　七种强化良好行为的方法 / 113
　　　　奖励时要注意的问题 / 116
　　　　更有效的奖励方法 / 118

第二部分　高效课堂管理的步骤与计划
―――― 123 ――――

第七章　改善课堂纪律从教室门口开始　125
　　　如何在教室门口就让学生安静下来 / 125
　　　怎样的语气更有效 / 126
　　　事半功倍的表达方式 / 127

第八章　座位计划　131
　　　如何处理有关座位安排的不满 / 131
　　　促进合作式学习的座位安排方案 / 132
　　　快速组建合作式学习小组的方法 / 134

第九章　针对不同学生特点的分层式管理　136
　　　使用过滤器法则让学生立刻服从指令 / 136

第十章　开始上课　143
　　　正式开场法 / 143
　　　固定的开始方法 / 144
　　　欢乐的开场 / 149
　　　吸引人的问题开场法 / 151

第十一章　建设相互尊重与支持的学习氛围　154
　　　引人入胜的课堂 / 154
　　　让你的课堂充满吸引力的秘密 / 156

提高课堂的吸引力和参与度的十种方法 / 157

第十二章　维护课堂的秩序　174

　　　　　运用活动检查表 / 174

　　　　　为每一个学生设定学习目标 / 178

　　　　　避免老师说得过多 / 179

　　　　　提供适度的帮助 / 180

　　　　　在关键的时刻提问 / 181

　　　　　当课程被打乱时如何让学生们重回轨道 / 184

第十三章　解决课堂上出现的棘手问题　193

　　　　　应对无法进入听课状态的学生 / 193

　　　　　努力降低分心的影响 / 194

　　　　　学生不专心听课怎么办 / 196

　　　　　帮助学生使用文明用语的策略 / 198

　　　　　再也不头疼班上表演欲强的捣蛋鬼 / 203

　　　　　有效处理在学校使用手机 / 204

　　　　　应对不愿意做作业的学生 / 207

　　　　　应对不带文具的学生 / 210

　　　　　应对经常迟到的学生 / 214

　　　　　应对易怒的学生：如何化解冲突和争端 / 216

　　　　　如何与不配合的群体进行互动 / 219

结语　好的课堂，激发学生内在动力与学习热情

如何在15秒内让课堂安静有序

曾经有一位阳光向上的、充满着理想主义色彩的年轻人,从教师训练营里容光焕发地走出来。他怀揣着闪闪发光的梦想,要在教育事业上大有作为,尽管他的职业装上还带着补丁,可是他要成为全校最受欢迎的老师。是他推动着周围的事物不断向前,是他不断地挑战陈规而且频频获胜,甚至可以说,是他彻底改变了教育的面貌。孩子们热爱他,他的成就无以伦比。然后,我醒了。

我必须承认,真实的教育世界总是有点让人震惊的,很多事实会将你毫不客气地打回原形。平心而论,对于我们教师团队的绝大多数人来说都是这样。总会有一所麻烦不断的学校,但即便如此,即使是对那些最不好管的学生,老师们也会有一些尊重和表扬,这样的老师才能受到学生喜爱。当这些老师穿过走廊的时候,学生们会像蜜蜂一样地围绕着他们,和他们打招呼或者是闲聊一会儿。在他们的班级教室中,总会有热情高涨的气氛。一旦他们开始讲课,一种充满崇敬的情绪就能够立即让学生们安静下来。我在想:"这不就是我想要成为的那种教师吗?"现在让我们看看如何才能做到这一点。

最简单的办法就是去问他们的学生,而不是问老师。我试图从学生的回答中了解，他们希望老师什么样。通过多年的积累以及不同的问题，我将7到18岁学生的所有调查问卷汇编成册，希望从中找到核心问题的答案：最优秀的教师身上具备什么特点？

当然，调查问卷还可以探究更深层次的一些问题。我想知道这些教师是如何说、如何做的，他们所使用的教学方式又是什么？当孩子们在走下坡路的时候，他们采用什么策略帮助孩子们？在教室里他们如何使用自己的幽默、如何激励学生们更加刻苦地学习？他们怎么让学生们遵从教导？他们如何能让自己始终保持微笑？等等。

下面的列表（没有按特别的方式进行排序）表达了学生们希望看到的"优秀教师"应该具备的品质：

- 好老师友善地对待我们。
- 当我们做对的时候，好老师会表示承认和赞赏。
- 好老师知道如何让全班开怀大笑。
- 好老师会用幽默的方式讲课。
- 好老师打心眼儿里信任我们。
- 好老师严厉而又公平，对所有人都坚持同样的标准。
- 好老师有绝佳的控制能力。
- 好老师时刻和我们在一起，关心我们的变化，聆听我们的心声。

刚才所说的那样，尽管花费了很长一段时间，最终我意识到为什么这简短的清单中包含着重要的内容，为什么它可以囊括避免和处理学校里不当行为的关键要素。你要明白，汇总了成千上万份调查问卷后，我开始渐渐明白这些伟大教师为什么能够在教室中如此轻松自如，不仅仅是因为他们上一堂有趣的课或者是公平而严厉。一个重要的原因就是，上面所罗列的基本要素他们几乎面面俱到，由此他们才能够在杜绝问题出现和提升学生满意度方面如此高效：他们做到了满足人的三个关键需求这一点！

毋庸置疑的是，你应该对亚伯拉罕·马斯洛的需求层次理论很熟悉了。这个理论建议所有人将最基本的需求进行分类，一旦一组需求被满足了或者是达到了目标，我们就可以向下一个级别的需求前进。最低端的需求级别当中包含我们最基本的需求：房屋、食物、水和安全。然后我们会进一步前进到一个更为广阔的，包含更多情绪和心理的需求等级上，从达到目标的需求到做出贡献的需求，对爱的需求以及得到其他人认同的需求，等等。这些需求目标的达成可以让我们获得自我满足和自身参与的感受。

　　我总是喜欢让事情简单明了化，因此在课堂管理方面，我将自认为最重要的心理上的需求划分为三组：第一组是"权力"，包括认可、自由、自治、成就、贡献、选择和竞争；第二组是快乐，包含好奇、兴趣、成长和学习、冒险、消遣、惊喜和变化；最后，是对归属的需求，要被接纳、珍惜、尊重、被需要或者是关系到超越个体之外的一些事情。

　　你是否认为上述观点讲得通？其实人们在实际生活中，往往不能很好地得到合理的控制、恰当的选择、适度的自治和正确的自由，我们需要得到权力。我们在缺乏变化、幽默、自由或者快乐的日常中是无法愉快地生活的，同时，如果我们没有被别人珍视或感激，又或者无法正常与别人沟通的话，我们就会觉得孤独和与世隔绝，我们需要这种社会归属感。当这三种需求没有被实现时，当它们在我们的生活中无从寻觅时，我们就会觉得绝望和不满，而这也就是一切问题发生的根源所在！

　　我会在整本书中，为大家提供如何满足这三个关键需求的一些办法，这样就可以帮助你们避免或者处理在教室中可能出现的大量问题，我把这种潜在的框架定名为"聚焦需求的方法"。我并没有声明说这本书可以解决所有问题，但是如果你采纳了这些策略和主意，你就会发现每天所要面对以及处理的小麻烦会出现明显的下降。而我可以保证，如果你开始采用了其中一些基本规则，你会发现自己的能力得到了很大的提升，而且有勇气面对任何可能出现的情况。

对于学生们来说，我们会通过让他们感觉到自己是班级团体当中的一分子，来实现一定程度上的归属感，帮助他们建立积极的、相互尊重的师生关系。这样做，与你始终在与那些"捣蛋鬼""麻烦制造者"斗智斗勇的效果是大不一样的。因为这样一来，会让他们感到自己被学校接纳、受教师欢迎，而且自身是有价值的。

我们也会看到通过给予学生们一定的现实意义上的权力，可以让他们更容易获得经验或成功。通过给予他们一定程度的自主权和选择权，保证他们的努力能够得到承认和肯定；一旦这些努力取得成效，就可以再次让孩子们感受到自己的价值，也能提升他们的自信，帮助他们相信自己完全有能力去尝试和完成学习上的所有任务。

同时，我们也在关注通过与学生们更多的互动，用更有吸引力、充满激励、与学生生活更相关以及更有趣味性的方式来改进我们的课程。现在的你，时而会陷入繁重的教学内容和作业批改中，时而也会发现自己的课堂表现缺乏激情，对自己所教的科目似乎已经失去了以往的激情和热爱。不过没有关系，这就是生活，而当你发现绝大多数的课上你都已经出现了上述这些情况的时候，可能才是出现了真正的问题。如果始终在一个缺乏挑战、变化和新鲜感的环境当中工作，你可以想象学生们肯定也会相继丧失学习的兴趣。

所有的这些预防工具、策略和主意，都是为了维护一个积极健康的班级环境。当有些事情出现问题的时候，你也会打算去学习一些更加实用、高效、广泛的方式方法。你可以在为避免引发对抗的实际工作中总结出一些自己的观点，或者是一种可以准确表达它们的方式。你可以找到让学生们听从你的教导的新办法，而在当今如此难以对付的教室环境当中，你可以自己总结出一套被证明为行之有效的策略，帮助你应对日常会遇到的行为问题。最后，在第二部分，你会全程参与一堂示范课，一个嘈杂不堪的班级，如何一步一步地，从学生进入教室、坐下来、准备上课，一直到微笑着放学为止。

我希望看到，你真的可以在最富有挑战性、最嘈杂、最喧闹，同时还有多个难以对付的小团体的班级上获得成功。你是否真的可以从那些难以接近的未成年人和孩子们那儿赢得尊重，你不需要通过争执和发火来贯彻你的教诲。你可以让他们面带微笑地抵达学校，满怀热情地开始上课，无须担心他们像现在一样冷漠，或者是课堂气氛如何沉闷。而你自己也会感到压力充分地释放，从教育中真正感受到了回报，而不是像现在一样筋疲力尽、绞尽脑汁还在课上表现得如此勉为其难。

最棒的一点，这些变化会很快发生。我相信任何教师在面对任何学生群体时，如果他们能以正确的态度和方式，来恰当地运用其中的关键策略的话，他们可以在任何实战中获得胜利。为什么？因为我们的确理解你现在所处的环境，知道那种在教室里与学生们斗智斗勇的感觉！

在本书当中的很多观点来自于我在学生指导联盟和学生行为管理部门里的研究结论。学生过分的要求或者是需要更多管理的表现，可能会被认定为没有必要或者是行为不当的。因此，你可能会发现本书中有一些策略对于你的班级来说似乎有点脱离实际。不过这一切取决于你自己的特定环境，当然包括年级组、你的专业和你所关心的学生类型，等等，在哪些班级中、哪些工作是没有必要的，完全需要你具体分析和因地制宜。我的意图只是向你们提供一种宽泛的建议，如果你觉得合适，可以深入研究并采用，而不是要像得到医生的处方一样，每一步都按部就班地"遵医嘱"。其实只要采取的策略对学生有益，就是最好的结果。

我的另外一个目的，就是希望你们重新找回对教书的兴趣。需要通过消除那些难以对付的学生们给你造成的精神压力来实现，这样才会让你重拾自信，并获得在教学过程中所碰到的任何小团体保持"平静地赢得胜利"所需要的技巧。通过你管理学生行为的能力不断提升，这些策略也具备不断持续改进的潜力,让你在对付那些不与你合作甚至冥顽不化的学生的过程中,也能获得很大的进步。

到此,简要介绍就告一段落了。在我们进入真实案例之前,让我们先来尝试一种快速的策略吧!

快速改善课堂纪律的方法

这里的技巧不但可以让一组学生在短短的几秒钟之内安静下来,还可以让师生之间的联系更加坚韧,在课堂当中注入一点点幽默,给那些坐立不安的学生一些他们所渴求的关注。这项技巧对8岁的、18岁的、63岁的(我自己都没有那么老呢)学生同样适用。的的确确,最近我在迪拜的一次教师培训集会上做过尝试,并且听到过一位参会者说到"他可以让一个房间里面150个吵闹的人在15秒内安静下来",这让我印象深刻。

这项技巧建立在两项关键理论之上:责任感和日常规范。当你赋予学生一项责任的时候,有些学生会做出良好的回应。事实上,他有可能是平常最让你头疼的学生,他们为什么对责任的反应更快?恰恰是他们更加渴望被关注。给予他们这种关注的一种很好的办法(通过一种积极的方式)就是分配一项工作给他们,而对于我们这里提到的课堂策略来说,我们准备采取团队合作,让3~4名学生负责让其他学生安静下来。这些学生将会成为我们的"嘘"者,当要求他们这样做的时候,他们的责任就是用"嘘"来让班上的其他成员安静下来(通过一种特别的方式)。

要给予他们各种方式获得成功,需要进行培训。每个被提名的"嘘"者将被要求展示他们最好的和最响亮的"嘘"声,可以用愤怒的皱眉和将指头放在嘴唇上的手势辅助完成。几次练习后,老师将告诉"嘘"者,一旦老师喊出"嘘",那么他们就得用他们最好、最响亮的声音一齐发出"嘘"。而班上的其他人则被告之,当他们听到"嘘"者发出的"嘘"之后,必须马上停止交谈并且安静地坐好。在两到三次练习之后,他们就会领会所有的意思，而我们就已经在我们的日常规范中加入了一项非常实用的规则。

要让"安静下来"的日常规范达到最佳效果，我还总结出了另外三种有用的方法。首先，反馈你的"嘘"者。如果他们做得好的时候要告诉他们，而如果他们哪里疏忽了或者是做错了的话，要指出来或者给予他们暗示。记住你指定的这些"嘘"者很有可能天性就是像火药桶一样的，因此你需要小心翼翼地管理他们，以确保他们能够表现出色。理想的情况下，任何有建设性的意见或者是纠错性的指导都应该在私下悄悄地给予，尽量不要让其他的学生听到。

其次，我倾向于给每一位我们的"嘘"者一套制服，这样让他们显得与众不同而易于辨认。这样的"制服"可以是一顶看起来很可笑的帽子或者是其他滑稽的装饰物件之类，不过他们会乐意去戴它们，对此甚至我自己到目前为止也说不清楚为什么。可能是这样会让他们看起来很特别，或者仅仅是它可以让整个事件看起来不至于过分严肃，但是不管原因如何，这样操作的实际效果是很好的。

最后，我发现这些"嘘"者有的时候需要一些额外帮助。我会通过另外一种日常规范来帮助他们，这就是"计数"。这个简单的过程可以通过缓慢而洪亮的从10到1的倒计时来完成，在整个过程中要随时伴随着鼓励。

10——好了，各位！从现在开始到我数到1为止，你们必须都在自己的位置上坐好，把书包放好在地板上，把手放在桌子上……很好！卡利和索菲，你们可以开始了！

9——这张桌子做得非常棒！——下面其他的桌子要和它做得一样棒哦！

8——你们要结束交谈了，把那些桌子上的垃圾清理干净，坐好了看着我！

7——现在后面的同学都全部做好了！很好！我们再耐心地等一下其

他人！

6——继续！还有一些书包没有归位，有的人还在说话！

5——不错！

4——嗯。

3——我们现在都在等着一组同学了。啊哈！你们听到了，嗯，也都坐好了！谢谢你们！

2——每个人都很棒！

1——非常好！

（短暂停）

"嘘！"

在你数到1的时候，绝大多数的学生都会在座位上坐好并向你做出回应，让"嘘"者处理极少一部分还在继续说话的人。很显然，你可以缩短计数的时间，甚至可以完全不考虑采用它，如果一个班的人都已经坐好了，倒数计时显然就显得多余了。在这样的情况下，单靠"嘘"者就已经足以让整个房间安静下来了。

到这里我们就知道了，如何让一个吵闹的教室在一定时间内安静下来，现在我们可以开始上课了。

第一部分

掌控课堂纪律，轻松驾驭课堂

第一章
快速改善课堂纪律必须要知道的事

态度决定一切

你的态度决定了你做的每一件事情，它将决定你与学生们说话的方式、课堂活动的形式以及你布置给他们的任务，还包括你会花多少时间与学生建立联系纽带，以及其他与之相关的各种事情。你的态度会通过你走路的方式、讲话的形式和你的穿着打扮流露出来，特别是当你在走廊上遇到学生或者是在课堂上进行课程介绍的时候。

而在行为管理方面，你的态度显得尤为重要，它决定了你是否需要使用那些不大管用的"反应工具盒"（包括情绪爆发、威胁、责备、丧气的评论和越界的惩戒等），或者是很管用的"反应工具盒"，其中包含更多的支持、关注，以及建立在关心基础上的解决方案。你根本没有必要像一个科学家确定最佳方案那样，猜测哪种办法是学生更喜爱的、更乐于接受的。

当看到一个男孩在走廊里游荡并把他的衬衫围在脖子上的时候，A教师可能会向他咆哮并且威胁要关他的禁闭；B教师则因为担心他背后会搞什么小动作而装作没看见，或是犹豫着是否去管；C教师则会给他一个标志性的微笑，然后平静地告诉他要把自己的衬衫整理好。每一个老师都想将学校的规章制度表达出来，但是他们对待学生的方式则完全不同。这种场合下，不同的行为都是由他们的态度支配的。

A教师（霸道者）和B教师（墙头草）将这些有挑战性的学生视为威胁，一个对他们的权威地位、对学校的规章制度、对教师的名誉声望，甚或对和谐体面的社会的威胁。他们过分关注问题，而且他们的态度很大程度上是负面的，这将会产生移情作用，让我们这些有着强烈逆反情绪的学生从心底里埋下对这些教师更有挑战性的态度。而C教师则认为这些孩子只是有一些小毛病，他们本身并不是什么"问题少年"，于是他会审时度势地加强师生之间的关系，而不是处心积虑地处处套用学校的规章制度。

告诉小孩子"把注意力集中在作业上"应该是一种老掉牙的套路了，当他们的注意力开始分散而左顾右盼时，如果你一味地跟他强调他开小差的原因的话，通常不会收到任何效果，至少肯定不会维持太久。也许当你站在他面前的时候，他会低下头把目光收回书本上，可一旦你转过身去，他很可能就已经在书桌上开始刻写他的名字了。除非潜在的问题凸显出来，漫不经心的乱写乱画显然比你布置给他的任务要有趣得多。

如果你面对着一些学生对你开始上课的要求不管不顾，旁若无人地继续交谈，其实他们是对放在他们面前的任务完全不感兴趣，或者是他们根本就已经缺了两天的课。因此在你想要再次试图阻止这种现象发生之前，你最好能够找到这件事发生的真实原因。

这里有几种可能性可以加以考虑：

● 学生们左顾右盼或者是表现得很愚蠢，也许仅仅是因为想引起大家的注意。

● 逃避写作业的学生总是有挫败感，可能是因为作业对他们来说太难了，他们感觉已经远远落后。

● 学生们有时怒气冲冲或者据理力争，也许是因为他们觉得自己总是被挑剔，认为周围的人密切关注自己，反而使他产生了要做一些"错误的"事情的逆反心理。

- 那些选择辍学的学生可能是因为缺乏足够的自信,经过多年的失败,他们认定自己一无是处。
- 具有破坏性的学生也许是因为感到无聊,他们渴望变化、刺激和挑战,可是课堂无法给他们提供这一切。
- 愤怒而粗鄙无礼的学生可能是在怨恨之前给予他们的不公正待遇。

当然,上面列举的这么多每天发生在教室里的"行为不当事故",形成原因仅是我们的推断。单是学生不能够尽快就座上课这件事,就能找到各种各样的解释:家里发生了什么事、同学的欺凌、担心作业和其他老师发生过冲突或者是对上课的时间点没有明确的理解;等等。这是可能的理由,显然还不能代表全部的可能性。但有件事情是肯定的,那就是在每一种我们亲眼所见的行为背后,至少隐藏着一个真实的原因,而不仅仅是明目张胆的敌对态度。了解并牢记这条原则是非常重要的,因为它会改变我们对待学生的态度,从而决定我们在处理已经发生了的行为时可能采取的计划和策略。

那些难对付的学生反感老师们对他们的问题视而不见、听而不闻,如果他们不是当场以满嘴的脏话(甚至更恶劣的行为)来回应,他们肯定也会准备好下一次跟老师对抗。因此,你必须记住:许多年轻人的团体当中,大家会自然而然地站在被普遍认为遭受了一位愤怒的老师不公平待遇的那个人一方,就算那位同学平常并不是很受欢迎或者人缘并不太好也是如此。这样做的结果就是在很多学校里形成了"他们和我们"两大敌对的阵营,而老师们通常会忽视了他要突然面对的是35个充满挑战性的学生,而不仅仅是一个。

在我职业生涯的早期,我曾经对一名叫作史蒂夫的孩子大发雷霆,原因是他在我的科学课上居然迟到了15分钟,而且还粗暴地打断了我的讲课。那是我在一所新学校的第一天,而我对自己的所作所为感到很满意,我认为自己出了一口恶气。他最后表面上服从了我的命令,并且灰溜溜地从教室里离开的时候,我还以此为例向剩下的学生们自我夸耀了一番。

那天的晚些时候一位年长的同事把我叫到一旁,告诉我那位可怜的孩子在家里承受的心理压力。听了这些之后,我瞬间明白了为什么这孩子在学校里有如此反常的行为。中午休息时,我赶紧去找他并向他道歉,吃惊的是他对这样的变化反应是如此的得当,而我自己当天则是满含热泪地回到了家中。

这么多年以来,当我被某位学生冒犯了的时候,史蒂夫的影子始终在我的脑海中萦绕。尽管我认定他们是故意挑衅或不合作,史蒂夫都会告诉我,在每一种的不良行为的背后,肯定隐藏着那些真正的原因。这并不是说作为老师我们在取得成功之前有必要了解每位学生背后的所有故事,对我们而言,没有必要探究每位学生家庭生活的隐私,或是每个人碰到的不同的艰难境况。我们只需要记住,当面对问题或者肩负任务的时候,年轻人通常只会按照自己的想法去处理,他们的行为其实更像是一种寻求帮助的哭泣,而不是一种自私蛮横的攻击。

同情心会使我们对这些年轻人的看法产生180度的转变,也会彻底改变我们对他们的态度。通过这些思想观点上的变化,我们自然而然会在对待他们的方式上发生变化。接下来,我们会在书中找出一些非常实用、不造成冲突的策略来,把它们放进你们常备的"反应工具盒"里,争取让你们的一生都能从中受益。

高效课堂管理的准备工作

有的时候,当你在教室里讲课的时候,可能没有注意到教室里正在传递小纸条,或者忽略了有的物品被偷了或者被损坏了,或是没有发现有谁已经在言语上表达不满情绪。你的眼睛不可能在同一时刻看到所有的景象,因此一些偶然事件没有被及时发现是完全可以理解的。

但是,如果某位学生每次都因传小纸条而开小差,用一种侮辱性的称呼叫某个人，在书桌上涂鸦或者乱划你的公文包时，你的视而不见就是纵容他再一次做同样的事情。为什么老师们总是会反反复复地因为学生们上学"忘记"带笔、迟到或者是扰乱课堂秩序等事情感到挫败呢？那是因为我们给了学生们一个错误的暗示：他们可以按照自己的意愿这样做，就算把他们请出教室，效果也是一样的。其他目击的学生看到这样的行为并没有带来严重的后果，很有可能认为他们也可以做同样的事情。

警惕性的缺乏会造成整个教学环境中"什么事情都有可能发生"，而一旦这样的苗头在你的班级当中出现，那么这样的不当行为就会变得越来越普遍，而你也会越来越难清除它们。唯一避免这种情况发生的办法，就是要更加集中注意力，而且要尽可能地抓住任何可能出现的问题。毕竟，当问题还处在萌芽状态的时候总是要容易解决一些，一旦它根基牢固之后再来处理就不那么容易了。

如何在实际中操作呢？好的，如果你看到两位学生开始拌嘴，给他们一个警告，或者是把他们俩分开，越快越好；如果一名学生看上去很紧张，给他提供一些帮助，越快越好；如果一名学生开始频频打哈欠或者是因为完成了课堂作业而坐不住了的时候，可以将练习的难度提高一些或者是让他做一些别的事情，越快越好！要对这些警示信号倍加注意，在它们升级之前一定要采取措施。每次和那些"制度破坏者"们较量（甚至包括那些你不愿意去面对的，容易引起学生更激烈的报复行为），要保证让他们感觉到你的关注点无所不在。要不停地四处走动，一边在教室的四个角落之间来回走动，一边讲课，把每张桌子都绕一遍，说话的时候要让所有的学生都听到，让他们知道这是你的房间，而你就像脑后长了眼睛一样，可以对任何发生的事情了如指掌。

我曾经观察过，那些整节课都待在教室前面的老师，他们上课有多困难。只是简单地在教室里多多走动，走到教室后头提醒某些小组，或者花一点工夫为他们提供友好的帮助，或者是检查一些你平常总想回避的那些学生的作业，你会惊讶地发现，整个教室氛围改变了。一旦你表现出来这间教室只有你说了算，你会很快地发现带有破坏性的行为明显减少。

保持冷静

当我们怒气冲冲地开始准备惩罚一名学生的时候，就会冒着让情况变得更加糟糕的巨大风险，因为这个时候我们是以我们的怒火来压制学生的怒火。大量事实证明，冷静的态度比大喊大叫更有效果。大喊大叫给人的印象是你已经失控了，所以只有控制自己的情绪不要爆发才是最正确的选择。如果你真的对站在桌子上大声喊叫有特殊嗜好的话，请在你的学生完成了他的第一篇诗歌、在庆祝的典礼上再这么做吧，而不是在他可能叫了你一声"肥婆"的时候。

保持冷静同样可以使你自己免于陷入学生们的"背后谈资"中，也可以消除学生们试图与你争辩的可能性。不要在乎他们的眼睛如何滴溜溜地乱转，嘴里嘀嘀咕咕，不断抱怨牢骚满腹，或者是赌咒发誓要做这做那。一旦你失去理智，就是在告诉他们可以向你发起挑战，而整个事情变得更糟的可能性就会变得非常大。一旦他们让你开始发起脾气，其实无论他们还是你自己都不希望看到这一幕。

别表现得比学生更不成熟

想象一下你的班上有35名孩子，每位孩子都在低着头安静地做练习，但是在教室最后面有一名男孩没有动笔。这位同学是我们的老朋友——汤姆，根本没有在写作业而是在捣蛋，但是很显然在他的行为升级之前你需要做的只是让他尽快开始学习，而不是由着他做什么事引起其他同学的注意。

没有经验的老师会朝他大喊并告诉他赶紧继续写自己的作业："汤姆！不要把你的课本翻来翻去了，赶紧好好写作业！"这应该是一种合理的反应。但是接下来会发生什么呢？因为一个学生没在写作业，从而导致了35个学生现在都停下来了，剩下的所有人的兴趣点都转移到汤姆下一步会怎么做，大家都会看看老师是如何处理这种事的。

最小化调停原则要强调的是，我们要一直采用最不具有冒犯性或者最不具有破坏力的方式处理一名学生，这样我们才不会干扰或者吸引教室里其他学生的注意力。某一位同学迟到了，你所需要做的只是安静地指向一个空的座位就可以了（一个简单的手势足矣），然后继续上课，至于迟到的原因你完全可以在其他所有人都离开了教室之后再来询问。在这样的私人场合，你可以平静地问他今天迟到的原因，然后根据他的回答来决定如何处理这件事（要获得更多的策略可以参考第十三章中"应对经常迟到的学生"一节，第214页）。而如果是一名学生在教室里嚼口香糖，那么较好的办法是一开始忽视它，然后等其他同学开始做你布置的一项任务时再来处理。那个时候，你可以若无其事地把垃圾桶拿到他们脚下，然后指着垃圾桶让他们把口里的口香糖吐掉。

在上面这些例子中，这样的处理办法要比让这些违规了的孩子当众出丑好得多。你让他们感到难堪的同时，也会让他们仇视你，或者正好合了这些孩子的心意，他们得到了所有人的关注。我们每个人擅长做什么事的时候，都会想炫耀；而如果一名孩子擅长喋喋不休地与人争辩，那么他完全有可能在他的同伴被大家围观的时候站起来和你争论。

保持一致性

所有的学生——包括那些你正在处理，以及那些在观察你如何处理的学生们，都需要看到你能够一碗水端平。他们需要知道你对任何人的处理都是一样的结果，而不会因人而异。默许汤姆戴着他的头戴式耳机进到教室里，因为他的脾气很暴躁，一旦遭到批评就会奋力反击，如果你向他（以及他的朋友）发出一个明确的信号，默许他下节课还可以戴着这个玩意儿的话，那么你今后还能指望他当着朋友的面把耳机摘掉吗？一旦你的规则向某个人倾斜了，你相当于是给自己今后的行为管理暗中增添了麻烦。

在每一间教室里，学生们总是试图尽量远离你，而这与态度端正与否无关，也与是否以你为中心无关。在一些教室里，那些太过于"老好人"的老师总是得不到尊重；在一些教室里，总是有人试图毁掉一堂你自认为引人入胜的课。有些学生则会认为面善的老师比较容易摆平，这些也就是为什么一个有步骤的系统序列非常有必要（第四章会详细论述）。

但是首先要记住，如何使用这些系统序列措施才是影响到它们能否成功的因素，你必须在任何方面都采用一样的标准要求。你不能某一天使用它们，而另一天又不使用；你不能某一天对某个学生使用，而对他的朋友听之任之；你不能某天对某个学生居高临下、盛气凌人，而对另一个学生则又唯唯诺诺、畏手畏脚。**每一次你需要做到的就是言行高度一致。**

如果你定下一条规矩，比如学生们没能够完成课堂作业可以在午休的时间或者是放学十分钟之内补上，那么这种补作业的情况肯定会发生。如果你不能做到紧追没有交作业的同学，那还不如在这种事情第一次发生时就不要定这样的规矩。是啊！去追踪那些总是拖延的小滑头太浪费时间了，很难在短时间内起到效果。

以短痛带来长时间收获的例子比比皆是，但那些还没有掌握正确方法的老师则总是反其道而行之。他们总是向那些哀诉或者抱怨的孩子屈服，用宽恕代替警告。或者一味在口头上警告，从来不付诸实施。有时甚至是口头上的警告过甚了，以至于它们根本不可能实施。不得已，他们只好重新选择其他的方式或者干脆在某些学生破坏课堂规定的时候视而不见，因为他们知道如果自己批评这些学生，自己很可能无法控制冲突。

正因为如此，他们就会在短时间内考虑对他们来说比较容易、没有痛苦的方法。就像是在逛超市的父母，看到宝宝两分钟之前还不想要，两分钟之后却又哭闹着非要不可的一样东西，迫不得已只能买下，他们没有意识到这样做将会带来无穷尽的问题。如果我们选择的是短时疼痛带来长久收效的办法，也许一开始这种方法的效果并不能马上呈现，甚至很可能会因为学生抵制你所使用的新方法而产生一些新的行为问题，但是请一直坚持下去——对于始终如一的教师来说，回报是巨大的。

如果你因为班上的学生不听课而需要将他们请出教室，那么就说到做到；如果你因为他们不能够心甘情愿地遵从你的训导，不得不浪费整节课让他们练习排队，那么请说到做到；直到学生懂得你是个说到做到的人，才能在课间或者午休时间将他们带回来进行训练。这就可能需要你和训导员或者是年级组长保持联络，这就意味着你可能要往学生家里打不计其数的电话甚至是亲自拜访。但是所有这些跑腿儿的工作都会为你赢得名望，而且一旦学生们从内心认同了你永不放弃的行为，你将来也会一直坚持自己的行动，此时反而可以节省时间了。最终，我向你保证，他们会认可你的坚持不懈，并且你会发现，当你询问他们时会很容易得到回应。

互相尊重：我们的反应方式决定孩子们如何反应

当学生们没有按照要求行动时，有两种方式做出处理：公平的或非公平的。不要感到吃惊，这与我们对"公平"的定义无关，而是与他们自己对这个词的理解有关。

让他们感到难堪，挑剔他们的行为，指责或是大声的呵斥，对他们来说都是不公平的，很显然这会导致负面的压力、争辩以及逃学等。但在一些情况下，就算是我们没有提高嗓门和他们说话，甚至只是我们看着他们的时候，也会让他们觉得像受审判，因为我们知道，身体语言和面部表情在沟通中扮演了很重要的角色。我不止一次地看到这样的例子：某位学生仅仅是因为某个老师看他的时候抬了抬眉毛，就突然攻击对方，并大声喊叫，"我恨透你了！我讨厌你看我的那种方式！"

年轻人是能够读出我们内心感觉的专家，但同时他们的自我控制能力又比较差，因此一旦他们认定我们不喜欢他们或者是在什么事情上反对他们的话，那么他们的反应会很极端。而假设一个35人的年轻人团体都觉得我们在与他们作对，或者是对他们不公正的话，那么问题就被放大了35倍。

如果我们尽量减少乃至于消除了学生们和我们争辩的机会和借口，那么我们就会把教室里的关系变得轻松自如。我们可以通过"尊重教育"的形式来帮助他们做到这一点，严格但同时又保证公平，当我们给予他们教导或者传递结果的时候。在第46页中，我罗列了一些可以帮助你们做到强化教导而又不引发冲突的建议，标题是"让学生遵循教导的六种办法"。

化整为零，各个击破

本书中，这一部分将成为反复出现的情节：不要试图立即解决全班的问题。相对于大的富有难度的学生群体来说，小的群体更容易控制。因此你要学会"分裂"他们，将焦点集中在更小的群体甚至是个人身上。

如果你建立了合作学习团队，你的学生们很可能就已经自然而然地转化为小的群体了，对于处理这些问题大有裨益。如果需要的话，请一定记住要建立这样的团队，将那些不服管教的孩子们分开，别让容易惹麻烦的学生坐在一起，甚至是可以临时把某些学生叫到走廊上参加一个你组织的"走廊会议"，在那儿你可以在没有其他学生的压力下向他们强调利害关系，给予警告或者是解释可能的结果。有的孩子热衷于在朋友面前表现自己，一旦你让他们这么做了，你会发现他们总是那么难以对付，所以你得按照自己的方式将他们化整为零——先分开他们，再"攻克"他们！

保存详尽的记录

当学生们在你的课堂上制造麻烦的时候，准确记录至关重要。就算在最混乱的班级，最主要的"捣蛋分子"也就五六个，而他们几乎包揽了班里发生的主要问题。因此，这样看来，记录这些事情花不了太多的精力，而它所带来的好处则远比做其他额外的工作更加有效。

你所需要做的事情只是在你的讲义夹中为每一名学生备上一张A4纸，上面记录着他们有什么言行破坏了课堂秩序。那样的话，你就能在面对他们的家长或者其他高级别的同事谈话时，准备好关于某个孩子的事实依据，而不会让他们觉得你是在信口开河。比如说能够引用诸如"在3月17日，第二节课上，汤姆说马克是一只'肥猪'，没有挑衅行为，但是口头威胁马克说要用铅笔扎他"。确凿的证据，比你一直用诸如"汤姆总是打扰其他的同学"这样含糊的表达方式要有效和专业得多。

要给人以一切尽在掌握之中的印象

你在教室中活动的方式以及控制自己的能力，会非常清晰地表现出你的自信程度。歪斜地站着，头偏向另外一边，眼睛盯着地板，一只脚弯曲着放在另外一只脚前头，或者是不停地抓耳挠腮等行为，都会让你今后越来越难以管理自己的班级。

产生压力的时候，我们会有大量无意识的手势或动作，会暴露我们的焦躁不安，比如说摸鼻子、揉脖子或者是扯衣服等。当我们逐渐失去耐心时，首先要咬紧牙关，绷紧下巴，避免眼神上的交流或者是不停地眨眼。这些动作通常都是不自觉的，它们清晰地传递出你在逐渐失去对自己的控制。年轻人总是善于发现我们的底线，有的时候他们中的一些人会利用这一点。

但是当你面对着一个群体的时候，就要抑制自己过多不必要的手势，尽量让自己的两脚生根，即使要走动的话，也要在整个房间里从容不迫地缓缓而行。和学生说话的时候，要保持一种松弛和开放的状态，双手放在身侧，手心最好向上，特别是当你不得不参与到一场争辩当中时更应如此。这样做暗示出你平和冷静的心态。

当你在教室里走动的时候，要尽量兼顾整个教室。这样可以提醒学生们保持注意力，避免那些潜藏在某个角落的小动作和小秘密，温柔而有力地发出一个"这里由我掌控"的信号。你可以通过检查学生作业的方式，让身影出现在每一张书桌周围；可以表扬或者帮助某些学生，也可以在讲到某些关键点时，及时走到坐在教室的边角或者后方的学生那里。

一定不要忘了微笑！如果你选择的是"在圣诞节来临之前都不笑"的日常行为方式，那么你就冒着让所有学生都反对你的风险。如果你已经感到学生带来的压力，不苟言笑会让事情变得更糟。微笑比起紧蹙眉头更能让你显得平易近人也更有魅力，而且也能充分地说明你是放松而且享受的。

避免喋喋不休

孩子们没有时间听我们的唠叨，他们根本就不会对此有任何兴趣。以前我曾经一起共事过的一位班主任似乎总是对自己的嗓音很陶醉，因此一有什么机会他就会不停地阐述或者埋怨孩子们的行为，导致学生一点也不喜欢他。尽管他是一个好人，但是你可以看到只要他一张口，学生们就跑得无影无踪。

我们根本不可能通过唠叨来改善孩子们的行为，我们应该做的是，为他们做出示范并教导他们。这就要求我们自己首先要成为行为上的楷模，对于什么事情该怎么做要给予明确指导，适时地提供支持和引导。当他们做对的时候及时地称赞他们，而没有做到的时候要持续地观察整个过程。这样做当然会花费大量的精力，却是发射火箭一般的壮举。

建立你的后援团队

你可以借助于三种主要的援助力量：你的学生、同事或者管理团队和学生的家长或监护人。

从你的学生那儿赢得支持

以我的经验来看，那些最叛逆、目空一切和最苛求的孩子，一旦你获得他们的支持，将会成为你在教室里的得力伙伴。这样的变化源于两个原因：第一，这些小团体的领头人需要被关注，而他们确实很珍惜获得的职责；第二，他们能成为领头人，是因为别的学生听命于他们，会按照他们的要求做。

和这些学生建立联系需要花费大量时间，而且难对付的小团队头领内心极度需要重视和认可。你可以直接向他们提出请求表示需要他们的帮助，给予他们一直渴望的承认和重视，这样就可以初步建立起相互之间的信任和尊重。

不过这些工作需要在私下，不管是召集学生到你的办公室提问（这样会增加请求的分量），还是在上课之前偶然在走廊上碰到他（们）："嗨！汤姆，好多人都在表扬你呢，班上有好多学生挺崇拜你的！要是我们发挥你强大的个人魅力，对这个班级的贡献真的会很大！你能告诉我，怎么才能让教室里的学生尽快地安静下来吗？我觉得你来帮助我做这件事是最合适不过的了……"当你以这样的方式提出要求，你会吃惊地发现这些最爱挑事儿的孩子的反应完全出乎你的意料。

从同事那儿赢得支持

谈到从同事那儿得到支持，第一件事就是你需要获得他们支持的方式都是什么，特别是在一群学生们面前这点显得尤为重要。如果你正在试图让一团乱的教室安静下来，最后一根救命稻草，就是一位同事冲进教室说"还是我来管吧"或者是"让我来处理吧"的话，一瞬间你的名声都将付诸东流，让你感觉自己站在那儿是多么的无能！

有两种非常实用的办法来避免这样的情况发生，当你仍然需要对你同事提供的帮助有所控制的时候，你可以用上"密码式帮助"和"临时安置"这两招。

密码式帮助

我第一次碰到密码式帮助，还在一所青少年极端行为中心工作。员工们频繁地被叫去从身体上管教学生，避免他们打架或者是损坏财物。一次特别的机会，我需要保护一名未成年男孩，他曾在走廊里恶意攻击过另一名学生。

尽管我受过处理这类问题的培训，但是"斗争"场面很快就演变得不可收拾。男孩们打架越狠，越说明我无力控制和劝阻他们，而我越是试图帮他寻找原因或者是让他冷静下来，他的攻击性反而变得更强。到最后他甚至向我吐起了口水并试图咬我，在冲突中我被推倒在地板上，让我感到更心疼的是，我的介入让情况变得更糟了。

一个接一个的同事尝试着想帮助我摆脱困境，但是我坚持让他们离开了——我很好！我嘟哝着，汗流浃背。我不想丢脸，让自己从此钉在耻辱柱上。而我想到的最后一件事情，是不能让学生觉得我无法凭借一己之力对付他们。因此，解决冲突事件的努力最后却演变成了一场摔跤比赛，而我们之间的战斗也成了一场奇观。

谢天谢地，一个非常有经验的同事及时抵达现场："普莱文先生，你的妻子打电话到办公室，她现在急着和你通话。你是否可以让我来处理这件事，你去接电话呢？"当然，并没有所谓我妻子的来电，我们都知道这一点（当时我还没有结婚呢）。但学生是不知道的，而这样的假冒来电却给了我一个机会从当时的窘境中全身而退，同时也没有丢脸的感觉。

我的同事使用这样的帮助成功地让我下了台阶，而学生们也不会认为我应付不过来。就在我退出角斗不久，这名愤怒的小伙子立即冷静下来。从这次经历中我认识到，在面对一名愤怒的学生的时候，我们很容易让自己陷入僵局，但让双方从僵局中走出来可不是一件容易的事。

通常，我相信一位教师在他的或她的班级中都会对行为管理负起全部的责任，但是如果事情完全失控的话，一名经验丰富的教师知道什么时候应该适可而止。一位暴怒的学生很难控制的情绪，因此，要依靠我们这样的成年人打破僵局。通过和你的同事提前安排好密码式的帮助方式，你就可以从容应对今后出现的类似事件。

临时安置

如果你手头的班级非常难管，在你上课的时候，可以选择把一到两名学生送到其他合适的地方，让他们可以在有人监管的环境下单独学习，以免他们的行为造成更大的破坏，这就叫作"临时安置"。通常是与同事们预先计划好，或许就是教室楼下的或者就在隔壁。某些情况下，一位学生可能需要从你的教室里转移出去，而你得请求另一位同事帮助。出于礼貌，你还得向这位被你暂时罚出局的学生布置作业和任务，这样他们在临时班级的出现才不至于过度打扰你的同事。

最后一点需要从同事那儿赢得支持的是，特别是当你需要从更高级别的教师或者是管理团队成员那儿获取帮助时，要记得保留关于某个学生行为和表现上的综合记录，包括你自己是如何应对的，这一点非常重要。与其抱怨"我没办法对付他们，我需要帮助"，不如提出尽可能详细的细节。举个例子，"这是我做过的处理……这些是他们的所作所为……这些是还没有实施的……这些是他们做错的地方……这些是我无法让他们做到的……我做这些的时候他们在这么做……我做那些的时候他们在这么做……这儿有一些例子……"这样说的话，你的努力会显得非常可信，并且很有可能因此得到需要的帮助和支持，所以一定要记住，尽可能详细、准确地描述背景情况。

建立班主任、家长、老师的互动关系

每一位教师都知道，来自家长一方的支持和关注在学生的出勤、行为和成绩方面有巨大的影响，但是如何从这里获得支持存在很多问题。当他们看上去并不支持我们的工作，漠不关心或者是难以接近时，我们又如何从家长和监护人那儿获得支持呢？

首先，我们必须记住他们肯定会有和学校意见相左的情况。他们也许被学校无数次地召集过来，讨论他们孩子的未来，在教师办公室柜子的抽屉里塞满了一大堆行为记录卡片、延迟放学的便条和警告信等，所有的这些东西都在无声地说明他们的孩子在学校里犯了错误。长期关注孩子在学校犯的错误，长此以往，家长肯定会有很多埋怨，因此这些家长不愿意和学校接触。说实话，如果他们自己在学校的时候成绩都不怎么样（这样的例子比比皆是），那他们对于教育系统的看法通常不会太好，而来自学校和老师的电话则是他们最不愿意接受的事情了。

如果你曾经和银行之间的关系不怎么样的话，那么你应该想到我接下来会怎么说：当你每次接到银行的信，告诉你现在的财务状况多么麻烦的时候，你的心里别提有多恶心了。这就是我们总是在家长那儿难以赢得信任和支持的根本原因，他们不愿意总是从学校那里听到关于孩子的坏消息。

如何让这些家长和我们站在统一战线之上，就需要他们首先消除对学校的负面观点，或者是长久以来在他们心中留下的、只要是来自教师或者是某个学校代表的沟通，一定不是什么好消息的印象。说起来简单做起来难？也不尽然。让我们回到银行的那个类比，当他们把你看作一个巨大的风险或者是不想再在你身上浪费时间的时候，可以恢复你与银行之间的关系的办法就是给他们所想要看到的：关于你财务状况的积极消息。这同样也适用于那些认为学校与自己格格不入，甚至总是给自己带来烦恼的家长们，他们需要学校传递关于自己孩子的正面的和积极的消息。

我知道你现在心里想什么："关于汤姆我要怎么样才能把好消息告诉他的家长呢？他几乎从来就不干好事儿啊！"事实上，每一位孩子都会一次次地做出值得表扬的事情，而我们一定要特别关注这样的时刻，只有这样我们才能打破那个消极的恶性循环。我们必须寻找并且承认那些值得表扬的事情，然后将这样的好消息通知到家长，就算是一点点微不足道的小小进步也可以，重要的是我们已经开始扭转之前留给家长的消极负面的形象。

在下面的一段话里，你可以看到如何在30秒内搭建起学校和家庭之间的桥梁：

嗨！是特雷西吗？这里是来自您孩子学校的罗博·普莱文，你好吗？

这个电话不会占用你太长时间，是要告诉你，你的孩子汤姆今天在很多方面取得了不小的进步。我已经和他的所有科目的老师提到过他，而他们都一致说他最近的确很不错。他的物理老师霍金斯先生对此印象尤为深刻，并且委托我转告你们，他非常高兴地看到汤姆现在已经可以按时交作业了。而且我还很高兴地听到今天在地理课上他没有参与到制造麻烦的小群体中，看起来他已经意识到上周做过的一些蠢事的确是不对的。

所以说不是吗？我们大家都非常地高兴。请记得告诉他，我跟你们通

小贴士

被罚出局的学生通常身边都有一拨同一年龄段的朋友，要么比他大一岁要么比他小一岁，这种情况下与其让他成为班级中的搞笑王，不如让他成为一位骚扰者。因为在很多年轻人看来，被老师从课堂上赶出去，反而觉得是被奖励了一枚荣誉奖章一般，尤其是班级中大部分人都是他的朋友时。

过电话。几天之后我还会致电你们！再见！

如果我们不断地重复这个简单的过程，在每周能和家长保持2~3次通话的话，那么这些家长会在短时间内改变对你和对学校的负面看法。但是我们要涉及的实际工作又有些什么呢？你不可能有足够的时间给班上的每一个同学家里都像这样打电话（即使是每次电话只耗费你一两分钟也不可能）。而事实上，你根本不需要这么做。一开始，你只需要将工作的焦点集中在那些确确实实需要这种额外帮助的学生身上。这么做并不代表你忽略了那些好学生，这些好学生也需要你与他们的家长进行充分的接触。只是在最开始的时候，我们需要分配好自己不多的业余时间，将它用在最紧急的地方。

当你建立了和家庭之间日常的、简单的和积极的联系之后（不管是通过信件、简短的便笺，还是电话、短信等等发出信号），家长们完全有可能在第一次就开始相信，某位权威人士的的确确地在关心他们所想的。不过这样坚持之后的效果也不能过高估计。一段时间之后，当这样的电话交谈不再仅限于，"嗨！……今天他很好……再见！"这样的老套路，他们也许会开始将你当成朋友看待，一位他们可以完全信赖的人。今后，他们会抓住任何可能向你提供帮助的机会。还有什么比这更美好的呢？汤姆如今已经很快地发现学校和家庭已经像同盟一般地联合工作了，这样的联合是强有力的！

与不合作的家庭建立积极关系的捷径

通过频繁的沟通我们会发现，即使是最最不合作的家庭也会在短时间内和我们统一思想。一旦这样的事情发生了，那么接下来的结果就很容易出现，他们会与我们分享越来越多的家庭信息。实际上，这对于一个充满爱心的老师来说是司空见惯的，私密到最新的家庭逸闻，等等，而这就为进一步建立更强的纽带带来了难得的机会。

注意在笔记本上记一下，下一周学生的奶奶要过生日了，或者这个家庭的男主人最近找到了一份新工作，甚至是家里的宠物猫生了小猫……那么，等你下一次打电话给他们的时候，记得在通话中可以适时地提及这样的信息，比如说询问奶奶在生日宴会上有多么高兴，布朗先生的新工作怎么样，或者是我能否要一只小猫来养。这就表示你是打心眼儿里关心他们，你关心他们，而他们来到学校的时候可以叫出你的名字、描述你的样子而不至于被保安当作陌生人请出学校。

第二章

怎样管班才有效：建立日常规范

如果你在自己的班级中还没有使用日常规范（或者是制度），那么你必须着手制定了。它们可以很明显地迅速改变你班级的面貌，让你的教导进入"无人驾驶"状态，也会让你的工作变得更加轻松自如。

首先，这样做最大的好处就是节约时间。在教室里，你把大量的时间花在一遍又一遍地重复教育那些不听课的学生身上。但是如果你花一点时间来建立规范，让学生遵从指导，你就不再需要反复告诉他们应该怎么做，因为规范中已经清楚明白地告知学生们要做什么、该怎么做。

日常规范给予了你的学生一张"行为地图"，因为这张地图是不会发生变化的，所以它100%持续有效。在教学和行为管理中，我们都知道"一致性"有多么重要，而日常规范就要把"一致性"付诸实践。一旦你将学生引入日常规范的管理当中，那么很简单，你自己也要在对他们的教育上保持高度的一致性。

日常规范同样也可以为学生在你的课程上提供更多的体验成功的机会，对那些难缠的、爱惹麻烦的学生来说也是如此。这事儿本身不会有什么让人感兴趣的地方，为了完成一项特定的任务，可以通过提供清晰的按部就班的流程帮助他们，而他们正确完成事情的可能性则显著提高了。一且你有更多的机会表扬学生，或者是肯定他们的行为时，他们的态度和行为也会往好的方面更快地转变。

另外一件很有意义的事情是，你可以把这些通过日常规范所形成的变化，或者是动作行为上的"要点"，在学校开放日上做一个全面的展示。比如说：

- 进入教室
- 开始上课
- 分发材料
- 收材料
- 寻求帮助
- 活动或任务的变化
- 当完成了作业时该做什么
- 迟到了怎么办
- 使用特定设备
- 团队合作
- 去图书馆
- 观看视频
- 倾听来访者或者演讲者的讲座
- 回答问题
- 布置课堂作业
- 布置家庭作业
- 离开教室

对以往的那些困难时刻来说，如果引入日常规范，你将会发现自己教学的每一天会变得多么的轻松！而在上述环境中，如果学生们清楚地知道自己应该做什么，你就会发现课可以上得那么顺畅！

如何在教室里建立节约时间的日常规范

一旦你确定了在课堂上哪几部分会受益于日常规范（通常不拘泥于上面罗列的条款，而是会更加灵活），在教室中建立规范基本上就会成为一个让你的学生遵循各种检查表的过程，就像以下一张我们要给你的表格一样。

第一步　创建或者罗列你的日常规范

制定一项日常规范，基本上就是将每一个范例中相关的步骤浓缩为3~6个简单步骤，就像下列这个"开始上课"的日常规范的范例（不必过分担心它对于你的实际情况来说是否过于严苛，仅仅是一个例子）。我严格地按照这项日常规范执行之后，终于让一帮顽皮透顶的14岁小孩排好了队，因此觉得它非常实用。

1. 按时到达教室
2. 安静地排好队
3. 进教室的时候不要交谈，把外套挂好
4. 在自己的位子上坐好
5. 在黑板上写好上课伊始的热身活动

第二步　给你的班级讲解日常规范

对于那些麻烦不断的群体来说，要将日常行为规范介绍或者灌输给他们，肯定是一门艺术。这就需要我们在实施的过程中一直保持"严格而公正"的态度，避免采取大声嘶喊、武断、轻慢的，或者是威胁的方式让自己看起来像子弹上了膛一样，与此同时，你还得保证整个集体服从你的要求。

举一个例子，在我们上面提到的"开始上课"阶段，应该如何进行第二个步骤呢？你应该让学生们按照你的要求保持安静，在教室外排好队，保持秩序。如果你对他们一边排队一边交谈、推搡和碰撞的行为感到不高兴，就要竭尽全力阻止这些行为，否则下次排队的时候他们一定还会依然如故，这样的话，你的日常规范就彻底失效了。你应该事先更清晰地阐述"保持安静排好队"，说明此时必须站直，安静地挺自己的左肩紧贴墙壁，把双手放在身体两侧，两眼直视前方，并且绝不能说话。

选出5~10个学生，让他们在其他同学们面前演示，然后让全班同学照着这个标准做。他们通常会试探一下如果做错了你会怎么办，或者只是偷偷窃笑、暗暗指点，或者干脆什么也不做，那么整个动作就必须重复一遍。

当然，你可以让这件事情更有趣，不那么像在发号施令。可以尝试设置一个目标任务，通过练习就很容易达到（比如在5秒钟内让每个人都排好队），一旦谁没有完成任务就得做一个游戏。第一天可以将目标设定为20秒，起步阶段可以慢一点，以后每一天都在慢慢地提速。记住：要在整个过程中保持积极的强化训练。

对一些群体来说，如果他们在你使用轻松的游戏方式时不买账，你也许可以故意将事情弄得对他们来说不太舒服。我认识很多的老师，包括我自己，会花费整个课间休息时间来训练一些群体"安静地排好队"的习惯。这有可能会被别人认为是在浪费时间，但在教授日常行为规范的初始阶段，通过这样"将他们的课间休息时间完全牺牲掉"的方式，几天之后，他们最终会完全理解你所想要传达给他们的意图。

再多说一件事情就是：一旦他们按照你的要求做到了的话，那么，接下来最重要的就是要强化和巩固这个行为。用向他们表示祝贺的形式来记录下这个时刻，有时候也可能是一个来自全班同学的自发式奖励（参看第六章关于积极强化的部分）。

第三步　张贴日常规范

日常规范成功的关键在于让学生们熟悉这个规范，让这些规范成为他们的本能或者"第二天性"。当一些东西成为习惯之后,你就没有必要再去反复说教了。这时候,重复教导和反复提醒对学生们来说已经没有必要了,到那个时候你的教室里就可以完全实现"自治"。如果你需要提醒学生们牢记日常规范,就可以制作一个与日常规范相关的提示语,张贴在教室中的某个显眼的位置。一旦班上有哪位同学开了小差,你所需要做的,只是抬一抬手指,让他看到墙上贴的日常规范。你会因此获得良机,询问一个实用的且不具有对抗性的问题,让学生们反思,并对自己的行为承担起责任:"你现在应该做什么呢?"然后,紧接着说:"那就请照这样做吧!"事实证明,只要你的引导方式足够好,他们根本没有机会和你争辩。多好啊!不是吗?

怎样应对不守规矩的学生

一个将你的日常规范的参与度最大化的好办法,就是在创建之初,尽量让学生们参与其中。不要总是规范学生行为的方方面面,容易引起学生的反感,特别是对年龄稍大的群体来说更是如此。在这个过程中,可以邀请学生提出建议,这种方式会让你获益匪浅。比如,他们会说出在某个特定的情况下应当如何行动,于是你就可以采用这些建议,完善拓展日常行为规范体系。学生在成长过程中需要有人为他们指出正确的方向,上述方式可以快速地反映到某一条日常规范的建立中,这比你仅仅是强加给他们要有效得多。

同样的,我还发现积极的同辈压力会起重要作用,确保这条规范能成功实施,而让群体中那些受欢迎的成员与你站在同一战线上,就是这条原则的适用之处。花几分钟时间和一些团队的"领袖"来一次一对一的对话,向他们阐明日常规范对你的重要性;用日常规范引导团体中的其他人时,需要这些"领袖"的积极配合。例如:

汤姆,让我们简单聊几句。我不知道你是否已经察觉,班上的其他同

学对你都挺崇拜的啊，看起来你做什么他们就会跟着做什么。我真的非常希望你能用这种强大的性格帮助我，和我形成统一战线。而我现在需要你做的就是帮助建立这套日常规范，然后确保你身边的朋友或者是周围的同学都能够遵守我们制定的步骤。你能够做到这一点吗？我已经问过小凯和凯兰，他们都非常热心，因此你不必担心只有你一个人。好吗？

有时候尽管你尽了全力，但总还会有一些学生认为应该把建立日常规范扼杀在襁褓中，或者是给你制造一些麻烦。通常这样的学生们需要特别的关注，提醒他们：团队要获得成功，取决于每个人都参与到遵守日常规范的行动中来，或者可以花点时间来研究他们如此放逐自己背后真正的需求。

有的时候，一次严肃的警告就足以让他们就位，而如果警告没有发挥作用的话，你应该自然而然地将后果的严重程度升级（我会在第四章中的"传递结果"部分更多地阐述这个过程，而在第五章的"建立纽带"部分也会提及）。

有效管理课堂必备的准备工作

提前将课堂上所需的材料、资料和设备准备好，对于维护日常规范是有帮助的，这样可以避免一节课中频频出现无计划的、没有组织好语言的情况。有时候犯错是不可避免的，这个时候你就得指望学生们可以足够合作地安静坐着，等你找出错误的原因，而不是搞出此起彼伏的噪声出来让你心神不安。有些班级的学生可以容忍短暂的停滞，等待"歌舞表演秀"时刻的到来，而这个时候你如果没有什么可以吸引他们的活动，抓住他们的注意力，那么，这儿很快也会变成一个"精神病院"。

事实上，很多这样的情况是完全可以避免的。如果在你认为最麻烦的班级里碰巧发生了这样的事，比如在播放DVD的时候碰到了一台坏的播放机搞得你手忙脚乱，或者是在做最后几分钟的胶片放映时却遇到了麻烦，你将如何应对？其实，课前充分的准备可以避免几乎所有的停顿、挫败和疏漏。

下面就是我们建议你可以考虑的几件事：

- 讲义和活页练习题。我知道这是必备的，可你是否有足够多余的复印份数来确保你能发给每个同学，而不需要在一节课的中间还派某个人跑到复印机那儿？

- 备选课堂活动。将备份资料和备选活动准备好，课程意外打断，或者是出了差错的时候，你也能够让课程进行下去，不用让学生傻等着。在整节课进行的过程中，你始终要有能够抓住学生注意力的手段！

- 新的活动。如果你准备尝试第一次公开演练新的活动的话，最好在头一天晚上自己就来一次彩排，这样做可以消除一些潜在的问题。有了事先的演练，即使出了错，也不至于手足无措，而是可以迅速地递切换到"B计划"中。

- 科技设备和仪器：如果可能的话，在上课之前花时间快速地将它们全部检查一遍，确保你的身边有一位技术员或是备用的仪器。如果你对某一样设备的使用不是很熟练，那就给自己准备一张简单明了的说明书吧（罗列出第一步：插上电源；第二步：打开供电开关，等等）。

- 学生的设备：我们听到过学生们最常用的逃避上课的借口，就是诸如"我没有带笔"（或者是什么其他的上课所必不可少的工具）这种老一套的说辞。我们必须杜绝所有类似的借口，以及其他可能出现的所有问题，这样他们就无法找到理由不好好上课了。你可以在讲台上放一个工具盒，里面放上尺子、钢笔、铅笔、橡皮擦、削笔刀等上课所必备的工具。记得在上面做好标签（把名字写在上面），这样就可以在上课不被打断的前提下，在他们需要时马上递过去一把尺子、一支笔或者是其他的文具用品，不过同时也不能让他们滥用这些资源。

小贴士

记住：每次只教授一条日常规范。在我的教师培训生涯早期，我曾在一家慈善团体工作过，改善年轻人的行为习惯。我们共同通过工作区分一天中不同的时间，找到活动对整个日常规范体系有什么好处，比如，每天一大早，登上校车，校车上的行为，课间休息时间，日常上课的行为……我深知有了日常规范会带来很大影响。但是我当时犯了一个错误，没有特别强调一次最好要建立一条日常规范。

有些同事出于好意或者信心，试图在同一时间段内一口气建立5~6条日常规范，最后的结果却让每个人都觉得一团糟，以至于我几个星期后从青年中心返回，感觉自己几乎没有取得什么进展。于是我们回顾工作过程，终于找到了问题的根源：必须将某条日常规范的建立限定于某个时间段内！这样的改变带来了令人震惊的结果。几天之后，青年中心的管理者打电话来告诉我，他们的工作日状态发生了巨变，学生们开始上课学习了。

第三章

给学生清晰的示范说明

把对于日常行为规范的说明表达清晰，可以保证我们和学生之间的沟通方式没问题，从而获得正确的信息，同时减小在课堂上发生混乱和冲突的可能性。

这么多事情归根结底都是要记住，多达75%的沟通不需要通过语言。我们使用的词语能够表达出来的意思，离我们真正想要诠释的东西还有差距，这就需要我们使用肢体语言、面部表情、手势和亲密度，即与学生说话时所保持的距离。所有的这些方式，对于别人能够在多大程度上真正理解我们所说的话，所发挥的作用是非常大的。为什么学生们常常会过早地下结论或者误解我们的意思？甚至有时候我们还没有开口说话，他们就这样认定了呢？这是因为我们常常会在不经意间传递出某些信息，从而导致最后的结果是要么学生会认真倾听，要么完全忽视我们、向我们喊叫或是哭泣着离开教室。

在我们的信息被诠释的过程中，发声的方式也具有重要的影响，至少代表尊重。孩子们就像小狗一样（当然孩子与小狗的其他很多地方都不太相似，不过这里姑且这样举例吧），如果你用攻击性和强迫性的声音对我的小狗喊叫："我爱你！你是多么漂亮的一条小狗啊！"它可能会害怕并且夹着尾巴跑掉，因为它以为你是在斥责它啃了你的靴子。换言之，如果你用一种温暖而舒缓的腔调对它说："你真是一条脏兮兮、臭哄哄的小猎犬！"它绝对会热情地过来舔你，在你身上蹭来蹭去，把你当成是它最新、最要好的朋友，它是非常善变的。所以，严肃地说，一条小狗无法理解你所使用的词语表达出来的准确含义，但是它们会根据你的音调、语速和音量来调节自己的情绪。说到底，小狗们都能够在我们说话时如此反应，何况人呢！因为这是天性。

所以想一想吧，我们到底通过自己的面部表情、音调和肢体语言传递给了学生们怎样的信息？是不是我们已经疲惫不堪、心力交瘁或者是面临崩溃了？如果真的是那样，那么对他们来说，这可是一个要么完全忽视我们、要么以更刁钻的麻烦来刺激我们发脾气的好机会。在这个时候你如果想让他们去做什么事，又怎么可能叫得动？或者我们传递出现在已经开始对他们感到生气了的信息，又或者干脆就表示对他们的厌烦呢？如果是这样，他们可能会直接地与我们形成对立。那些爱惹麻烦的学生可能会无时无刻地找碴进行报复，而稍微胆小一些的可能暂时忍气吞声，但也会在今

小贴士

你可能会发现，如果你将平时在教室里说话的嗓门降低到我们平常在家里说话的音量，你的学生们反而会静下来听你讲话。我的一位较为年长的同事，一位非常娇小的女士，说话的声音又细又弱，她班上的学生必须绷紧神经才能听清她说话，而她的教室也一贯是出奇的安静。看到在她的班级中学生们的表现，再比较一下其他那些喊叫和咆哮声响彻各自教室的老师们的班级表现，简直令人赞叹！

后伺机寻找报复的机会。

我们也可能会透露出自己是一个容易被控制的人,一个威胁或者是一个领袖的形象,这都是通过我们在沟通交流中的无声信息传递出来的,因此我们在给学生们讲述日常规范的过程中,这方面的印象会对他们产生非常巨大的影响。

让学生遵循教导的六种方法

1. 用平静而果断的语气给出清晰的指令

当我们告诉学生要做什么的时候,有很多的原因要求我们一定要避免声嘶力竭地大叫大嚷。首先,在一个聚集着爱惹麻烦、喜欢挑衅的学生的班级里,你这么做基本上就代表着引起冲突。如果希望年轻人对自己的行为有责任感,那么我们就要做出表率。教师发脾气和大声喊叫只会让学生们觉得紧张不安,同时变相鼓励他们在以后与你沟通的过程中仿效这种模式回击你。

另外一点,他们会失去对你的尊重。虽然有些施加给学生的警告会通过向他们大声喊叫的方式收到一定成效,但可以肯定的是几乎每一个孩子都讨厌这种方式。在短时间内他们可能会迫于威严而不得不收敛一下,但是反复如此的话只会带来憎恨。当学生们目睹一位教师的情绪失控,有些同学会认为教师是在滥用权力,而对其他的同学来说,教师的表现只是提供了一次观赏表演的机会。

给出清晰的指令的要点之一,就是要确保你释放的信息不被误读。当我要求学生做什么事情的时候,我喜欢运用类比来给予学生们清楚可循的轨迹,我通过这种办法告诉他们该去哪儿或者应做什么的时候,他们更容易领会我的意图,同时这也减少了发生争论的机会。就一个案例向学生们进行简洁而明晰、准确而有针对性的阐述,能够让他们更好地理解教师到底想要他们做什么。

举个例子,"汤姆!不要再用你的笔敲桌子了!""不要再和凯兰说话",或者是说"不要在椅子上晃来晃去,看这儿",都比你仅仅说一句"汤姆,停下来"所表达的意思要准确得多。如果汤姆并不确定你想让他停下什么事情,就可能会发生争执。"停止什么?我可什么事情都没有做啊!"他多半这样回答。你的教导和指令应该像水晶一般的简明透彻,要尽量避免使用含糊不清的词语,比如"安静""别吵了""冷静点"和"放尊重点儿",这些词语每天每节课上都会被我们反复使用,而它们对于不同的人意味着不同的含义。比如说,"冷静点"这个说法对我们来说司空见惯,但是对于学生们来说并非如此。

和那些"冥顽不化"的年轻人在一起,含糊不清的词语,诸如"坐好了"和"安静地写你的作业",都相当于给予他们和你争辩的机会。为什么呢?因为我们并没有就"好"和"安静地"这两个词语给出精确的定义。对于一个学生来说,"安静地"可能意味着可以小声地交谈,而对于别的人来说可能又意味着可以用正常的声音说话,另外一个学生可能会认为噪音根本就没有一个可以度量级别的标准。因此,当你向他们提出要求的时候,他们可能立刻就回答你:"我已经在安静地写作业了啊!"

如果我命令那些学生"坐好了",他们就会跟你争论"我已经坐好了"他们会一边说一边把一条椅子腿晃来晃去。这些话听起来未免有点啰唆,但是你真的要尽量避免出现"我正在做你所要求的啊"这样的争论,同时我们也要尽力避免其他的更多争论。坚守住这条界线之后,我们所需要处理的问题就变得很少。哪里有模棱两可的教导,那么那里多半就会出现学生破坏规则的现象。一条比"坐好了"更好的引导是:"汤姆,像其他人一样坐好了,让四条椅子腿都稳稳地放在地板上!谢谢!"

类似的,要确保教室里的噪音处于我们可接受的范围之内,我们需要明确地界定对"安静"的要求是什么。对于年龄比较小的孩子,我们可能要更多地使用一些具体、可感知的词语。比如,你可以给他们看一把尺子,然后告诉他们使用"30厘米以内才可以听到的声音"或者是他们同伴之间的"悄悄话"音量。对于年龄稍大的学生,你可以通过演示教室中允许听到的音量简单明了地解释你的指令。

如果我们需要一名学生的行为"充满敬意",就需要向他们解释清楚,意味着:学会倾听、不打断别人,当别人讲话时要注视他们,确保自己使用文明的语言。这样就很容易让学生们按照正确的方式来做事,接下来也使得我们的管理变得更轻松。

最后,什么是"平静而果断"的方式呢?第一,使用温和、开放、没有威严感的身体语言,用自信、平和的微笑取代皱眉和阴沉的脸,说话时不要用手指着人,不要采用手势威胁或者是带有攻击性的姿势;第二,你说话的时候,保持缓慢的深呼吸,降低音量、音调、放缓语速,把声音调整到最好,这样会让你传递出自信的信息。

2. 询问学生,确认他们都听到了指示

当你让学生继续写作业的时候,如果有的学生动作慢了5分钟,你是否问过他们?或者你认为他们完全无视了你的指令?那么当你问他们为什么不按你的要求做时,他们就会说"我没听明白""我没听到你说什么"或者是"我不知道你说的是我"。

这些对学生来说都是有利的借口,因为它直接就把责任踢回了你这里。毕竟,如果他们没有听明白你的要求,那还是你的失误。如果没有听到你在说什么,那也是你的问题;如果他们不知道你到底指的是哪个特定的人,那么,你又错了。在这种情况下,你唯一的行动应该是这样的:先让他们得逞,然后再给他们第二次机会。正如我之前说的,这个借口很有效,可以为他们赢得不做作业的时间。

有一个简单的解决办法。首先,让他们确认或者重复刚才你要求他们去做的事:"汤姆!请你重复一遍,那样我才知道你已经听到我的要求。"

紧接着，你可以检查他们是否理解要求："谢谢你，汤姆！那么现在你是否可以说明一下你会怎么做，以便让我知道你可以解答将接下来的问题。"

接下来，如果汤姆说他还是需要你再说一遍指令，可是刚才已经表明他知道该怎么完成任务，你可以直接告诉他继续做下去，汤姆再也不会找类似"我没听明白""我没听到你说什么"或者是"我不知道你说的是我"这样的借口了。

3. 给他们一个理由

在1978年，心理学家艾伦·朗格研究了人类的行为，试图找到人们更愿意帮助别人的原因有哪些。她做了一项排队使用复印机的试验，对比了三种让人们加塞儿的办法：

- 简单直白的请求："不好意思，你是否介意让我在你之前使用这台复印机呢？"
- 牵强的或者是与别人无关的理由："不好意思，你是否介意让我在你之前使用这台复印机呢？因为我要复印一些东西。"
- 说出真实原因："不好意思，你是否介意让我在你之前使用这台复印机呢？因为我现在真的非常着急！"

然后，三分之一的实验时间她让试验者按照简单直白的方式来做，另外三分之一的时间用于那些牵强而与别人无关的理由（当然所有的人到那儿都要复印），最后三分之一用于说出真实原因（着急等着用）。最后的结论很有趣，加塞儿的人如果给出理由，比没有理由要更容易得到别人的允许。最让人感到吃惊的是，人们好像对理由是什么并不关心，那些毫不相干的理由（我可以先走吗？家里有老鼠）看起来与合情合理的理由效果是一样的。

从这项研究中，我们可以获得一点和课堂管理策略相关的观点，那就是当我们要求学生去做什么事情的时候，我们多少要准备一个理由："请你做这个好吗……这是它为什么是一个好主意的原因……"

有的时候它甚至不需要有一个好的理由："赶紧写你的作业，否则你就无法完成了"这样的话，和"赶紧写你的作业，否则你就要在这一周每天的午休时间来我的办公室补作业了"所达到的效果是一样的。而且毫无疑问的是，这也不会引发更多的争论和反抗。

试着说"请大家帮忙安静下来好吗，我有点头疼！"比起只是不停地重复"安静！安静"效果要更好，或者是用"请快点儿排好队，我们没时间了"也要比简单的"排好队"效果更明显。给学生们一个做事情的理由，意味着你可以将教导的重要性和实际行动联系起来，而不会被视为多管闲事和陈词滥调。相比较而言，说"如果你们中午要来找我的话，可以12：30到这儿来，这样我们就可以在不更多耽误你的午餐时间的情况下，把问题处理完"，比起说"午餐时间见！不要失约"要好得多。

你可以像玩游戏一样地试验这种做法，然后看看会发生什么——但是不要忘乎所以，不然你会名誉扫地！

4. 使用亲密的要求

在提出或者结束一个请求时要使用"谢谢你"这样的词语，而且是在孩子们还没有开始按照你所提的要求做事之前就要使用，因为它们表示你希望得到他们肯定的回答。我们都知道正向目标的作用，所以提要求时用这种形式来表述更易于得到令人满意的结果，对学生来说甚至有更神奇的作用。尝试说，"谢谢你们，队伍排得那么整齐！"或者是"谢谢你们按照我的要求去做"这样的话语会让我们的工作变得更容易。

5. 使用"当你做到这一点……那就会……"这样的句型

在《你能，你知道你能》这本书当中，作者麦妮思和罗宾森发现当老师们在为学生指引方向的时候，如果遵照一种结构性的程序来给予指示，那么破坏性的行为会下降50%。他们建议教师在开始教导时，采用"当你……"（表述行为）作为开头，而以解释结果影响的"……那就会……"（陈述行为带来的后果）作为结尾，可以使交流沟通得以改善，并且让环境不再受到个人因素的影响。

举一个例子，与其说"你们需要停止捣乱"或者是"课都上不下去了"！不如说"汤姆！你在教室里大声说话，干扰了其他人。请你好好听课，不要乱喊乱叫"。或者是"汤姆！你打断我讲课的时候，也给别人听课带来麻烦，我没法上课了！如果你想要问什么问题，请记得先举手"！

6. 使用方向指引而不是提问

我们都知道，如果我们采用尊重学生的话语，会比充满敌意的方式更容易获得学生的积极回应。但是很多老师试图礼貌地强制学生们采取更好的行为时，往往错误地认为提问是更好的指引方式。

类似的对话大概就以下面这样的方式进行：

好了，各位，我们现在可以坐下来了吗？

汤姆！你认为现在是否应该坐下来呢？

你现在可以继续写你的作业吗？

我还要告诉你几次呢？

我能请你安静地好好写作业吗？

难道我是在自己说给自己听吗？汤姆！

你没有听到我说的话吗？

你是不是觉得我是个傻瓜？

上述的提问形式不仅容易引出你不想要的回答（特别是最后三个问题），还容易造成失控和争论。年轻人需要清楚明白的指导，而不是含糊不清的提问。

简明扼要的指导比提问传递出更平静而且缜密的信息。如果你希望学生清楚地满足你的期待，应该这样说："汤姆！别再说话了，转过身来，好好完成你的表格！"

你也可以考虑把"请"换成"谢谢你"。通过在一条指令后加上"谢谢"，可以更直观地表达出你期待学生们按照要求做事："汤姆！别再说话了，转过身来并好好完成你的图表，谢谢你！"

另外一个让学生遵从你的指令的方法，就是根据你的要求准备好有步骤的、有轻重缓急区分的结果。下一章将详细描述后果措施。

第四章

让学生从错误中学会反思的"后果"措施

进入"后果"这一章前,我想强调一些重要信息,那就是如果我们想让学生举止得当,可以先使用鼓励或支持这种有效的干预手段,迫不得已再使用惩罚措施。我并不是反对惩罚,只是觉得,如果只是依靠结论性的东西(以及它们所带来的威胁),将它作为唯一适合我们应对不当行为的行动准则的话,未免有点危险。通过这样的方式管理班级,会制造出一种过于苛刻和压抑的氛围,随之带来的问题比它能解决的问题更多。

如果你不按我说的做,那你放学后留下!

如果我听到一个以上的人在说话,课间休息的时候谁都别想离开!

现在把手上的东西放下来,不然我可要叫你的家长到学校了!

你所有作业都没有做,我必须把这件事情记录在报告册上!

别理解错了。我们需要用"后果"来表明我们底线,孩子们也需要底线带来的安全感,学习恰当的行为。但是任何工具的功效,都取决于我们使用它时采取的是正确的方式还是错误的方式。

恰当地使用它们,"后果"几乎可以对所有级别的违规行为产生立竿见影的效果。它们可以提供一个让学生们可以完全理解的、清晰的、最终的、明确的结论,而让那些反反复复的警告、提醒、威胁以及其他低效的战术告一段落。长远来看,它们是一个神奇的、有效的办法,帮助你与那些制造麻烦、藐视一切的学生建立纽带。当一个年轻人感觉到他的老师试图通过鼓励和支持他选择理智的行为来帮助他,同时还公正地帮助他建立自己的底线,他对这位老师的尊重、信任和情感都会与日俱增。

在本章中我会说明使用"后果"带来的最大好处是什么:那就是它们给你提供了教室中分级别进行行为管理的各种方式,而不是让学生拥堵在走廊上或者休息室,或者是放学之后的留堂。当一个学生做错事的时候,那么你会迅速找到多种可供你选择的方案,而那本身就是非常有效的解决途径。

那么现在来看看怎么保证正确地运用"后果"这项工具:

让"后果"真正有效的四种办法

1. 不要一开始就直接亮出你的大招:"后果"是要分步骤的

刚刚开始教师生涯时,我对如何控制一个喧闹的班级或者是一名敢于无视我教导的学生,心里是完全没有概念的。我的第一反应只是不断地重复同一条纪律,或者是提高嗓门,当这些不管用的时候我就不断地提高嗓门,可以说我的技巧实在太有限了。

当我真的感到手忙脚乱或措手不及时,我就会发放违纪记录卡,或者把他们送到一位级别较高的同事那儿(现在看来,那经常是因为一些小事),就用这样一种值得同情的方式来宣告着自己的权威。有时候,班上其余的那些同学会对我的不当反应表示惊奇和困惑,而到最后他们都加入到与我作对的那一方去了。

不久之后我又把班上的几个同学罚了出去,站在教室外的左边、右边和中间,我警告他们说我不再对他们抱有任何希望,而我自己也觉得厌烦透顶。这个信息清晰地告诉学生:"我根本没有能力控制你们的行为,因此我只能把你们送到能管教你们的谁谁谁那儿。"如果你想要用最快的办法在班级当中失去尊重的话，这倒是一个好办法。

不久之后我就悟到，我不能一直把自己的学生赶出教室，塞满其他老师的办公室，除非是发生了极端的情况。可实际上哪有那么多的极端情况呢，仅仅是一个平均年龄14岁的班级里的孩子没有完成作业而已。很显然，我还有很多东西需要学习。

转折点出现了。有一次，一位非常有经验的同事告诉我，要有效地使用"后果"这种手段，唯一的办法就是分步骤来："不要直接亮出大招，罗博，就一些相对来说比较小的事件来说，如果你开始就大喊大叫或者是把孩子们赶出教室，那么一旦这些孩子继续犯错，你该怎么处理呢？记得要分步骤使用'后果'手段，这样在你需要的时候，你都始终有余地。"从那天开始实事求是地说，我的整个班级管理水平发生了翻天覆地的改变。那个瞬间的"恍然大悟"，让我自己意识到自己原来的方式有多荒谬。

在"后果"手段中，诸如取消休息时间、放学之后留校或者是吃午饭前留堂，都是一种好办法，因为这样你可以把一小段一小段的时间积累起来，传达你的观点并灌输给学生。如果一个孩子在课堂上聊天，你也没有必要占用他整段休息时间，既然这样，你就更不必直接威胁他放学后留校（收效甚微）。一开始只占用课间休息的两分钟，如果没有效果的话再逐渐地延长训导时间。

其实就算是两分钟的时间也可能产生意想不到的效果。因为年轻人总是想离开教室去别的地方，特别是当他的朋友都已经离开了的时候。这听起来也许不太像是一种惩罚，但在下课的时候，当他的朋友都离开教室去吃午饭，他还要留下来向你解释自己的行为，即使只是一分钟，对他们来说也是漫长的。一定要根据必要性做出公平的"后果"处理，必须是实际发生的事情，而不是根据严重程度。

在接下来的例子中你们会发现，从小的方面做起，我们会有更多选择分步实施"后果"，同时可以持续地关注学生们接下来的行为。

第1步：汤姆，你要么现在停止讲话，那么在课间休息的时候你可以和任何人在一起；要么你就继续讲吧，不过我得在课间休息时扣留你两分钟，你可以选择！

第2步：好了，汤姆，你已经失去了两分钟课间休息的宝贵时间。如果你不想整个课间休息都和我待在一起的话，你现在得把你刚才扔到地板上的橡皮擦捡起来。

第3步：汤姆，我警告你，你的课间休息时间整个都没有了！现在除非你想在放学之后继续让我把你留下，否则请尽快安静下来把功课做完！

除此之外，对那些会继续跟你胡搅蛮缠的学生，你还得准备好应对措施。在一个吵闹的班级里，你有可能随时都会碰上需要被请出教室的学生，因此，这样的应对措施也必须出现在你的"后果"级别等级中。理想的状态是，你心里应该有一个"资源库"，甚至是把它们一一记录下来，确认哪些是你可以在碰到不当行为时采用的应对手段。

以下事例是我在教室中使用过的一个逐步升级的"后果"实践案例：

A. 警告

"汤姆！你上课讲话已经让每个人都分心了。现在不需要你再讨论什么，只需要请你安安静静地写作业。如果你继续讲话，请把你的椅子搬到前面来，然后一个人坐在这儿写。"

几乎可以在任何情况下采用这样的警告，但是有一个例外，就是不适用于那些需要立即下结论并处理的行为，比如说暴力行为、乱涂乱画、骂脏话，等。

B. 单独将他的座位移到教室前面来，时间不定但不宜太短（10分钟比较合适）

"汤姆！你既然已经选择了自己一个人坐到我的讲台旁边，那么我就给你计时10分钟，如果你能够保持安静并好好写作业的话，那我就可以让你坐回到原位上。如果你继续捣乱，那么这节课剩下的时间你就一直坐在那儿好了。"

C. 请出教室

"汤姆,看起来很清楚今天你不打算听我的,那么现在最好的办法就是你到隔壁的教室,去史老师的班上去上课。把你的东西都收拾好,所有你没有完成的功课必须在课间完成。"

(参看第XX页的"暂时的搁置",那里面有关于将学生请出教室的更多信息。)

D. 两分钟的留堂

尽管我将这看作步骤4,但两分钟的留堂在你的"后果"等级中很多地方都很适用,值得商榷的是,它是否可以作为一种主要的应对措施,用于课堂上所发生的各种不当行为。一名学生如果习惯性地忘记带学习用具,或者总是不好好坐在自己的位子上,故意干扰别的学生,或者连续不断地逃避功课,那么在他们这种无礼的行为出现的时候,给予他们一个简短的批评或警告是有好处的。这时候,两分钟的留堂就提供了一个讨论这个问题并且尝试找出更长期的解决方案的机会。

它同样也提供了一种可以追踪问题的手段,否则出现这些问题时,你若想强调它们,就有可能会打乱上课的正常流程。举个例子,如果一个学生上课迟到15分钟,那么让他解释迟到原因的最佳时机,并不是进入教室的那个时候,因为这样会让其他的所有学生感到不安。较好的办法是把座位指给他让他坐下,告诉他简要的上课任务以便他尽快进入上课状态,然后下课时再与他谈话,回过头来追究上课不准时的问题(先看第214页可以找到更多的点子来应付那些守时习惯差的学生)。

E. 10分钟留校

在管理级别上,我会将10分钟的留校作为"后果"的"最严重级别"(注意:这并没有来自其他方面的强迫性的牵连关系),因为如果使用得当的话它会有不可思议的效果。除此之外,在你将学生留校之后还有大量的工作要做，填写日常报告卡片、给学生家长写便条或者是打电话，以及其他一些学校的教育教学规范中所罗列的规定。而我觉得这个步骤如此有效的原因，是它能精确地直面事实。当你在教室里管理纪律的时候，这样做很自然地赢得了学生们一定程度上的尊重，他们认为你是一个有自控能力的人。

在62页对两分钟的留堂有一个全面的阐述，而在64页则对十分钟留校有所全面阐述。

很多时候我们在教室里看到的行为，只是因为学生需要帮助和引起你注意，我们需要敏锐地识别哪些学生可能正在与情绪上、社会上和教育上的问题进行孤独的搏斗。一个"问题学生"其实只是一个"有困难的孩子"，如果给予他们更多的耐心和理解，就等于向他们施以援手，而不是通过一连串冷酷、漠不关心、威胁或者警告继续施加压力。因此关于"后果"的优先级别是很必要的，它给我们和我们的学生划定了最重要的底线，帮助这些学生在底线学习，要比放任他们横冲直撞要好得多！

这意味着，允许一个学生在一段时间里离开教室（汤姆！到外面的走廊溜达一下吧，好让自己的注意力集中，15分钟后再回到这里来），提供额外的学习上的帮助（现在这会儿你和瑞格组成一个小组，由他来帮助你解决这些问题），或者只是通过和他们说话时表达出更多的同情，让他们觉得你真心关心他们（我知道你现在发现这事情有点困难，我们先

小贴士

与其机械地按照级别选择处理程序（我见过有的老师刻意地这么做，而且很迅速，于是就造成一个出问题的学生很快就被轰出了教室），要在课堂管理中多准备一些其他级别的备选措施才好。

把这点压力卸下来,因为我不希望你在我们可以帮助你的情况下放弃了。过来,自己安静地坐十分钟。如果你需要和我说话,或者你还是很茫然,只要举起你的手,可以悄悄地让我知道你的心里在想什么)。

2. 保持冷静:"后果"必须以平静的方式传递

如果你发出警告或者提出"后果"的时候发了脾气,那么你就将控制权交给学生了。领导者是从来不会失去控制的,他们看起来总是像冰一样冷。他们从来不大喊或是尖叫,因为他们知道这样人们会丧失对他们的信任。如果你想要保持在教室里的控制力,就必须是一个不温不火、冷静、平和的领导者。

让人惊奇的是,"后果"确实是你在面对做了错事的学生时,帮助你保持冷静的完美工具。怎么做到?那就是让"后果"控制行为。对你来说,没有必要在宣布一项"后果"的时候失去耐心。只需要平静地陈述如果某些行为继续下去,会产生什么结果,然后走开,没必要做多余的工作。而如果学生们没有按照你的要求去做,只需要简单地从常识性的安全角度警告他们,"后果"自然而然就传达出去了。这样的方式使你在"后果"的威胁发生效力时,也可以集中注意力并保持心平气和。

3. 严格而公正:"后果"要与"问题行为"相对应

在面对那些喧闹的班级千奇百怪的行为时,我们在使用"后果"措施时容易犯"用同一种方式处理不同问题"的错误。一次放学后的留校(或者是威胁要这么做)对任何不当行为都是一种通用手段,但对于一个带有威慑性的行为或者已经被定性的错误,留校的效果并不明显。事实上,一个所谓留校的警示可以让一个平常就很安静、行为良好的孩子很快地排好队,但对于那些明显故意不合作的学生来说作用则微乎其微。它也许会对那些已经知道自己该怎么做的学生们产生作用,但对于那些还需要学习如何做出正确行为的学生来说，并没有效果，除了让他们更加愤怒和怨恨以外。最终，大部分留校行动都陷入"既然你想浪费我的时间，那我也来浪费你的时间"的恶性循环中，渐渐地，学生被留校所消耗的时间就变得毫无意义。

稍微想一想，"后果"可是与问题行为紧密地联系在一起啊！而通过程序化的警告，同时提供清晰的选择，鼓励学生们担负更多的责任，让他们变得更在意自己的行为，而不是像平时一样充满敌意地将留校与惩罚联系在一起。

如果你还在疑惑如何提出合适的"后果"措施，下面这个公式在大多数情况下都能发挥良好的作用：

恰当的措施=行为问题+限制后续问题发生

换句话说，一项适合的措施通常包含临时的请出教室，或者是限制可能发生的问题。举几个例子：

乱戴设备，违反纪律，限制问题继续发展。"你知道不应该戴着耳机进入教室，把你的耳机收好或者我帮你放到我的抽屉里，等下课再来取。"

浪费时间：消耗另外的时间。"汤姆，你在课堂上浪费了10分钟的时间。如果你不能下课前几分钟赶上进度的话，那你就得在课间休息的开始几分钟之内完成这项任务了。"

干扰上课：将他们和所要做的事情以及他们的同伴暂时分开。"我看

小贴士

当你对某一个学生发出警告或者宣布"后果"的时候，一定要轻声地说，确保其他学生听不到。这样也可以避免出问题的学生过于窘迫，觉得很丢脸，同时也不至于让其他的同学看他的笑话。

到你在小组里现在无法自觉地上课。你可以坐到我旁边来，然后一个人单独听10分钟课。如果你不再交头接耳，我会在10分钟后让你回到原来的座位上。我先定一下时！"

4. 保持一致性："后果"措施需要始终如一地遵守

我们都知道一致性在教学当中是必不可少的要素，而在传达"后果"时同样关键。在宣布了威胁之后你却无法前后一致，反而会成为你在学校中毁掉名声的最快方式，也会使你丧失了控制麻烦团体的任何机会。

如果一个学生某次侥幸逃避了一次处罚，那么他肯定想着再尝试第二次。而如果你威胁他们将对他们采取措施，而后却又食言的话，那么你无疑是在告诉他们，你的规则就像是天气一样善变。很快，你就会变成一个出了名的容易被击败的人，一名没机会赢得尊重的老师，或者根本无法让学生听你话的人，如何不遵守你的教导对他们来说根本不用教就会了。所以，请你一定要牢记，一旦发出了警告，那么所采取的"后果"每一次都要落实！

小贴士　如何让"后果"式的工作像魔术一般神奇

有一个神奇的小小句子可以在你每次向学生提出警告时加上："这就是你期望发生的事情吗？这可是你自己的选择！"这句话真的可以让他们停下来思考自己的行为，并且帮助他们做出明智的选择。因此，当你对一件行将发生的结果发出警告时不妨加上这句话，那么话就应该这样说："如果你不想完成作业，那么我可以帮助你来完成，但你得占用5分钟的课间休息时间。这就是你盼望发生的事情吗？这可是你自己的选择！"

通过加上这句话，你会惊奇地发现警告变得多么有效。我认为事实上是因为这样正好做到了两件非常重要的事情：帮助他们认真思考自己的行为是否会导致"后果"的出现（这就是你盼望发生的事情吗），并且提醒他们解决问题的途径完全在他们自己的掌控下（这可是你自己的选择）——这时候，相信他们会做出一个清醒的选择。

两分钟的留堂

当你的学生在上课时犯了一个相对来说比较小的错误，比如那些忘记带学习用具的、上课迟到、在课堂上接下茬儿的，或者是没有按照要求完成作业的学生们。你可以采取两分钟的留堂的应对"后果"式措施。它必须在你上完课之后立即实施，同时要求其他的同学不要留在教室里。

如果你的课碰巧在大课间休息或者午休时间前中断了，而且如果你发现学生的行为比较恶劣，你可以尝试把两分钟的留堂延长到4~5分钟。但是你得记住：除非出现特殊情况，你的"后果"不能超过两分钟。

这样做的目的是让学生们看到一个公平和亲切的你，但是你在执行规定的时候同样也是说一不二和始终如一的。我们要让学生知道他们的行为是不可接受的，而后再鼓励他们做出必要的改变以获得进步。如果你把整个课间都花在对他们长篇大论地进行说教的话，他们很可能对你丧失尊敬，并且不可能按照你所想象的进行改变。

那么，这两分钟时间之内，有四个关键点需要让学生理解透彻：

1. 确定好交谈的基调，告诉他们哪里做错了

这不是向学生们大声喊叫或是咆哮的时候。不能够和自己的朋友一同离开教室很可能已经让他们感到烦恼了，而且有可能他对你要说的话事先缺乏理解的准备。因此，我们需要表示出这样做的目的是找到解决办法，而不是继续深挖问题本身。要让他们放心，这只是一个时间非常短的留堂，目的是帮助他们不要在同一个问题上继续犯错。

例1. "好的,汤姆,这次留堂的原因是你今天上课迟到了10分钟,而且我已经告诉过你这不是第一次了。同意吗?我不想每次都在同一个问题上反复折腾,那么让我们现在想想办法,今后怎么不再发生类似的情况呢?……"

例2. "汤姆,最近我们之间的冲突好像多了一些,而我已经对你的粗鲁无礼和污言秽语多次警告了。我希望你还有机会继续留在这里,因此我们是否可以找到什么办法,相互配合,改正这些问题?"

2. 简要地指出来,他们的行为为什么会成为一个问题

参照学校的政策,说明他们目前或者未来的某种行为是否会影响其他人:"当你上课迟到了就意味着要打断我的课程,这对我和你的同学们来说都是一个问题,也意味着,你得在剩下的时间赶上进度。"

某些情况下,你可能会考虑通过角色扮演或者即兴表演的方式,告诉他们为什么这在教室当中会成为一个问题:"你介意我向你演示一下,我刚才看到你做了什么吗?"或者是"这就是我刚才看到的你如何与杰克'擦肩而过'的样子"。向他们演示到底应该怎么做,以便他们在做事情的时候,脑海中能够清晰地出现演示画面。

注意:要绝对禁止在有自闭倾向的孩子面前使用角色扮演,而对那些有可能会对这样的方式产生攻击性反应的学生同样要慎用。

3. 倾听他们的故事并且给他们机会提出解决方案

但你在寻找学生们行为的原因时,要避免直接问他们为什么要这样做。例如:"为什么你要这么做事呢?""为什么你不听课呢?""为什么你老是迟到呢?""为什么你总是忘带作业呢?"

以"为什么"这样的质问口气提出问题,通常会导致意想不到的冲突。

如果你不相信我的话，那么，你可以在今天下班回家后的头几分钟，对你的配偶、父母或者是孩子以这样的方式提问："为什么晚饭还没有准备好？""为什么你的房间那么乱？""为什么你还不出去遛狗？"然后看看他们是如何反应的吧！

取代"为什么"的提问形式，你得使用诸如"我们考虑一下如何才能防止这样的行为再次发生""为了防止它的再次发生我们需要做些什么呢"以及"如果你需要帮助的话，你可以找谁"这样的句型。

4. 为进步创建一个"一步式"的计划

一起努力地工作，想出一种关键的措施，让学生们减少未来发生问题的概率，告诉学生接下来的一周内也要关注这一点。从现在开始，如果你觉得有必要，可以每星期和学生建立一个简短的回顾式会议机制，当他们在一周里有进步，要记住在这样的会议上当众表扬他/她。

注意：如果一个学生下课时偷偷溜掉了，没有参加你所要求的两分钟留堂，不要在背后追赶他，这样会让你看起来特别愚蠢。反之，你可以保持平静并在当天晚些时候，通过他们的班主任给他传递信息，要求他放学后到你的办公室，留校10分钟。

因为一些显而易见的原因，在这样的容易引发争论的时刻，当你在和学生进行一对一的谈话时，记得一定要敞开教室门。

10分钟的留校

大多数学校里，老师们有权力在不通知学生家长的情况下，让学生延迟5~10分钟放学的。关键在于当他们采取这样的行动时，相当于发出了一个明确的信息，在教室里出现的所有事故，教师都有完全的掌控力；而且从个人来说，已经做好了应对的充分准备，根本不需要"踢皮球"，或者是把其他同事比如说更高级别的老师，或者是放学后在学校里巡视的领导们牵扯进来。

有趣的是尽管有些人会认为这10分钟是一段无足轻重的时间，但有几点明显的好处。因为仅仅占用5分钟或者10分钟，而且是在学生不被其他人看到的情况下，不会给他造成不便。10分钟的留校时间，也不会像其他一些处罚那样容易激起仇视。另外，要让学生让出10分钟的留校时间，要比留校一个小时容易得多，因为他觉得后者纯属浪费时间。

同两分钟的留堂时间一样，这段时间并不是大声斥责或者向他们咆哮的时机。我们宁愿这10分钟不断重复如何避免错误行为的建议，实现进步或成功。讽刺的是，尽管两分钟的留堂和10分钟的留校都是"后果"措施或者规定，如果能够有效地实现，反而能够增进老师和学生之间的融洽关系。这是因为，老师是以一种帮助的姿态与学生一起解决问题，而不是再次采取惩罚式的形式，学生自然而然会对一位愿意牺牲自己时间来帮助他的老师心生敬意。

大体上讲，10分钟留校时间内的谈话和两分钟的留堂时间形式上基本相同，但是多出来的8分钟会给学生表达自己的情感留出更多的时间，以及与教师一同探讨如何解决问题的更多细节。提供一张反思表格给学生，可以让他们有机会将不为你知的故事（不是那种会让他们感觉被审讯的形式）讲出来，同时，也提供机会让他们思考将来在类似的环境下可以做出什么样的改变。

如果有学生缺席怎么办？

绝大多数的学生都会出席。如果你是向来以公平、言行一致、热爱帮助学生著称，就会发现他们对你的尊敬会呈现指数型的上升。但是，对于少数特别固执的学生来说，他们总是想方设法地逃避学校和班级的规定，而这个时候你就得备有后招。关于如何行事，在此提供两种方式供你选择。

第一种，将学校的行为管理系统"初始化"，重新向学生宣布相关的"后果"措施和规章。你可以通过这个办法发出明确的信号,那就是,对他们来说别无选择,你的决定是最终的,而你绝不会将它们搞混淆。

第二种,这里包含更多的工作,而其中一些会引起争论,因为你得给学生们发出额外警告。我想强调的是,你正在表现出尽全力保证学生遵守规定并管理他们的行为,而不涉及其他方面的事情。以我的经验来看,这会是一个最好的方法,建立你与那些麻烦学生之间的关系,在教室中赢得他们的尊重。不要在工作中拖延,几分钟额外的时间就可以完成这项工作,而如果你运用了自己的关系和能力管理那些出问题的学生,未来会带来巨大收益,可以节省大量时间。

采用这种办法时,你需要持续地追踪学生的表现,在课间休息、午休或者点名的时候还得向他们说明在接下来的一天之内会有一次10分钟的留校。这10分钟无论是在课间、午休还是放学之后都没关系,但是他们得把10分钟交给你。

如下提示(或者类似的)可以直接告诉学生,同时将相关的信息也传达给他的父母或者监护人:

亲爱的史密斯太太:

我得告诉您,我最近大部分课汤姆都迟到了,错过了相当多功课。为了要帮助他赶上全班的进度,并讨论如何帮助他,我要求他昨天放学后留下来10分钟再走,但是他没有按照要求做。我不想把这个问题升级,以致学校管理层出面来处理。因此,我觉得如果您能够让他知道这是他最后一次"把10分钟时间交给我"的机会——要么在上课前,要么在课间或午休时间,要么在明天放学之后……

当然也得提醒学生,你会在晚些时候打电话给他的家长,落实这个信息是否传达。这样做明显是给他们一次机会(只要你觉得有必要,也可以把它说出来),让他们也能在家长没有看到这张提示的情况下完成这个10分钟的留校。偷偷地,我知道,但是有时候会有惊人的效果。

有效采取"后果"措施的四个步骤

针对在教室中出现的绝大多数形式的违纪行为,以下四个步骤展现了可以在没有硝烟和困惑的前提下,像正式流程一样来传递"后果"措施。

1. 提出明确的警示

在学生做了错事之后,一定要明确地提醒他们,并且告诉他们怎样做才是正确的。记住不要动怒或者是提高嗓门,你可不想将自己的脾气爆发作为对他们的奖赏吧?你也不希望与他们对抗吧?当你平心静气地陈述如果他们继续自己的行为将会发生什么时,让"后果"措施发挥效力:"汤姆,你没在写作业。你现在得拿起笔完成任务,否则我们就不得不占用放学时间了";或者是"如果你不想办法完成作业的话,那么课间休息的5分钟你得赶作业";再或者是"如果你还继续扔橡皮擦的小碎块儿,那我就得让你在课间休息的时候,把教室的地板全部清扫一遍"。

到了这一步,一旦已经发出警告,学生们通常会开始抱怨。不要陷入他们的埋怨,不要纠结更远的事情。如果你陷进他们的问题里,就会让他们觉得这是让你改变主意的好时机。当他们发现你的大门打开了一个小缝儿,他们就会与你展开越来越多的争论。一句轻快的"我已经告诉过你,你的选择是什么",就是你所需说的全部,然后转身离开。

2. 给予他们"思考时间"消化你的指示或是警告

发出明确的警示后,有必要给学生一点时间来思考和消化你刚说的话。原因是对于一个学生来说,要在他的同伴面前表现出畏缩的话是很困难的,尤其是你威风凛凛地站在他们面前等待着他们顺从你的时候。

转身离开,走到教室的另外一边去,或者是去帮助别的学生,你就会把针对他们施加的压力卸下来,也就有了更多的机会让他们去做正确的事情:"汤姆,我现在要离开一分钟去帮凯兰处理问题,正好你可以在这段时间好好想想,你应该做出什么样的选择。等我一分钟后回来的时候,我希望看到你已经开始好好写作业了。"

当你清楚而且准确解释他们做错了什么、会产生的什么"后果"以及他们应该怎么做才是正确的,就会惊奇地发现,他们将会迅速地改变自己的行为。你仍然保持着教室的控制权,而所用的方式在他们看来又绝对公平。

这样的方式与情绪失控、给予他们过多的负面关注,或者用无效的威胁来让他们更加困惑等方式比起来,是何等明智!在课堂上大发雷霆更为严重的后果是:在班上的其他同学看来,你就像个笨蛋!

直到这里,我们还没完成任务。我们需要对学生的变化表示赞许,以后才能继续这样做。

3. 如果他们按照你的要求做了,不吝赞美

假如说汤姆已经在意了你的警告,并且注意力回到功课上,你就需要当面赞扬他,因为这是他刚刚迈出的一大步正确的步伐。谨记:不要由此落入长篇累牍地描述他下一次应该如何更快地遵从你的指示这样的陷阱中,只需要给他一个庄重的微笑,或者是俯在他耳边一对一地低声称赞他:"我看到了,汤姆——你做得很好!谢谢你按照我的要求做,这让我的工作容易多了。"年纪小一些的学生可以用更正式一点的形式褒奖,比如说当他们达到某个相关的行为目标时,就可以在一个全班的操行表格中贴上一个标签,上面标注着:"遵守老师的指示!"

4. 如果他们没有按照你的要求去做,那就宣布你的第一项"后果"措施

如果学生们没有按照你的要求去做,那么现在就是你宣布第一项"后果"措施的时候了,要以平静的、不带情绪的口吻来宣布:"好的,你已

经选择了继续你的行为(描述行为)。那好,那么在一会儿课间休息的时候,你得在教室里多待上五分钟。现在,请继续完成你的作业以免再损失更多的私人时间。"

再一次,给他们五分钟时间去思考和冷静。如果学生继续忽视你的劝告,或者在几分钟之后这个行为又再次上演,那就重复第一到第四步的步骤,然后进入优先级别中的下一个级别。这就是为什么你得储备着一个分步骤的、普遍适用的"后果"措施,这样你就能够在不丧失控制权的情况下,进一步增加严肃性。

如何避免陷入后续行为和背后议论

不管什么时候,当你不得不向一位学生宣布一项"后果"措施的时候,你都会不可避免地招致一些诸如眼睛乱转、小声嘀咕、抱怨以及其他的后续行为。不要被这些行为拖入争论中,要么是这个学生进一步做了给你带来更大压力的事情,或者让你感到暴怒或者窘迫,都会导致问题升级。但是,不管哪一种方式你都不可能通过争吵来赢得胜利。

要避免这种情况!请记住:避免战争最简单的方式,就是把他想要拉进来一起战斗的同伙排除在外。因此,当你听到的解释是"那不是我!每个人都在说话呀!为什么你总是盯着我"的时候,那么下面的常备问答方式是很有用处的:

是你自己做出的选择,到此为止吧!

如果你还有什么想解释的,稍后再来处理这件事。放学后来找我,在办公室等你。

我不想和你就此事争论,因为这样做会使我们看起来很愚蠢,也会耽误其他人学习。如果你还有什么话说,可以在下课来找我,而现在,请你继续你的功课。

我现在只处理我看到的事情,就像一个足球裁判员一样。对不起,事情先到此为止!

传达"后果"措施的三种方法

在最让人沮丧、充满焦虑的环境中对付那些最难以驾驭的学生时,一个真正有效的方法可以让你保持冷静。我见过这样的方法,通过日复一日的努力使用这些方法,一个曾经严重缺乏秩序、到处惹麻烦的学生的班级,变成一个优秀的三好班,学生们面带微笑地来上课,享受着学习知识的快乐,教师们自然也很欣慰这样的转变。

从此以后的很多年,我在好几所学校工作过,也都使用过这项策略。我发现它的确非常实用,可以经常在出现极端、顽固的问题行为的学生,以及最难以驯服的、最具挑衅的学生那儿获得认同。

三个方法的优势:

● 所有员工都有一个非常简单的规章可循,这样可以做到完全一致,即便每个人的工作水平以及同事之间的风格存在差异。

● 这样的规章意味着员工始终都有一套冷静的应对措施,即便是在巨大压力下,也不需要临时考虑该说些什么,他们只需要运用规章就行。

● 它消除了大喊大叫、发脾气和不断重复指令的必要性和可能性。

● 它可以预防那些在学生们看来不公平的处罚和惩戒,也阻止了其他可能导致师生矛盾冲突的事情。

● 它给予学生们一个关注自身行为并做出恰当选择的机会。

当你在运用三项要求技巧时,心中牢记如下几点:

● 不要在后续的行为中重复使用这种技巧。如果它被过度使用的话,那么它解决的问题还赶不上所制造的麻烦多。我所指的这些后续的行为包括:偷笑、窃窃私语、叹气和眼珠乱转,这些都是学生对你刚刚给予他们一项惩罚之后可能出现的反应。忽略它们,不要落入争辩的陷阱,以免又要再重复一遍规则。

- 这项技巧每次最好只用于一项措施,它最好是一项可以立即生效的措施,比如说移到教室中的一张独立的桌子后,暂时离开教室,从一项活动中退出等。当学生们知道了那些警告终会导致的结果时,这种手段就会变得非常有效。

- 在三个阶段当中都不能太忙乱。我曾经见过老师声嘶力竭地大喊:"第一次,第二次,第三次……出去吧!"显然是错误的,因为它根本没有给予学生们足够的时间来消化每一项指令和要求。当他们第一次无视你存在的时候,千万不要发火,甚至是在第二次做的时候也要保持心平气和。这恰恰是这项技巧的魅力所在,你根本不需要发火,而只是让规则和广为人知的"后果"措施发挥效能就够了。

- 你不一定非得使用三次警告,我曾说过一次警告就足够了。不要过于苛求细节,只要记住要不惜一切代价地采取适合你的独特风格和方式就可以了。我绝不会鼓励"警告是可以超过三次以上的",为适应一两个人调整规则还是会引起异议。最重要的一点,是你的学生们应该清楚,到底有多少次警告以及会坚持使用这种手段。

"后果"措施怎样立即终止不当行为

结束这一章之前,看一看如何具体实施步骤,以及它在根除行为问题时的实际效果,前提是要运用得当。

以下是三种场景,包括叛逆期的学生戴着头戴式耳机走进教室。第一个例子中,学生会尽可能反抗老师的指令,导致教师陷入持续的争论中。第二个例子,教师的反应过快,甚至这么做的时候还带有些许敌意的或惩罚性的方式,而这将导致进一步的争论,致使学生冲出教室。第三个例子,我们将看到如何冷静地、持续地运用一项措施,从而减少行为管理时被浪费掉的大量时间、沮丧感以及心理压力。

例1. 学生头上戴着耳机走进教室里,教师假装没有看见,原因是他害怕来自这名有攻击性的学生的强烈回击。学生在教室里四处走动,很显然是发现了教师不敢干涉他。老师继续忽略,但是感到越来越烦恼和挫败。学生干脆背对着黑板坐着,边听音乐边点着头打拍子,老师不得不阻止他:

老师:请你把耳机收好,好吗?如果你不拿掉,你知道我会把它们从你头上摘下来!

学生:(轻蔑的嘲笑)啊哈!你可以试试看。

学生无视警告并且继续听音乐,甚至还和他的朋友谈笑起来,老师为了回避这个问题只好走到旁边与别的学生交谈。最终,教师只是勉强地给出另一项警告,却发现学生已经掌控了一切。

老师:看看!我已经很认真地要求你做了,请把你的耳机摘下来并放好,或者是交给我!

学生:你可不能把它们拿走,那可是我的东西。

老师说戴耳机进入教室这件事情违反校规。

学生:啊!我知道,但是我并没有造成什么伤害啊?我甚至还听得到你在说什么呢!

老师:(变得很沮丧)那不是问题的关键——是这件事违反了校规!

学生继续无视老师的要求,老师只能改变战术并试图与学生讲道理。

学生:我会把音乐关掉的,但是我不想把耳机摘下来!

老师不断重复道理和指示,直到他们俩最终都爆发了,并以教师哭着离开教室告终。

例2. 学生头上戴着耳机走进教室里。

老师:把你头上那个玩意儿给我摘下来放到你的书包里!

学生嘴里嘟哝着不太中听的话,慢慢地把耳机摘下来,但是把它们挂在脖子上晃来晃去。

老师:你刚才跟我说什么来着?

学生:我?我什么也没有说啊……

老师：你最好是什么也没说，你到这里来以为自己可以为所欲为吗？在我的教室里这种事情永远也别想发生。现在再说一次，把你的耳机摘下来！

学生：天啊！你别生那么大的气好吧！

老师（重重地把门打开并且指向走廊）：出去！

学生从书桌上抓起几本教科书，把它们扔到地板上，然后愤愤不平地离开了教室。

例3. 学生头上戴着耳机走进教室里。老师看到了耳机，但还是先温和地向他致以问候，然后提出了平静的警告。

老师：嗨，汤姆！你今天怎么样？你是不是在为周末的比赛努力准备了？结果不错哦。现在，跟我说一下课堂上关于耳机的规则是什么？赶紧收好，否则我就只能按照学校的规章制度来处理这事儿了哦……谢谢你！汤姆！如果我再次看到它们跑出来，那我就要没收了，好吗？

汤姆把耳机拿下来，但是5分钟之后老师发现他又重新戴上了。

老师：汤姆，我警告过你关于耳机的事情了。现在把它交给我。我并不想要它，但是我会替你保管好，以免它带来更多的麻烦，我会把它们放在我的抽屉里，这样其他任何人都不会碰到它，上完课你再来我的办公室里取吧！

有的学生一开始就会上交耳机，如果他们知道你会坚持这件事并采取更多措施，而且通过过去的一些事情他们了解到你为人公正。但是，也有些学生会试图执拗下去。

学生：好的！我会马上把他们放进我的书包里。

老师走上前去以便和汤姆悄声地说话，尽量不让其他同学听到，或者要求汤姆和她一起到走廊，这样能够保证旁边不会有别的听众。这样做同时也是让汤姆可以有个台阶下，不需要承受来自同伴的压力。

老师：汤姆，我不是想要你的耳机，而且我也不想让你失去它，不要让这一切失去控制。我现在拿着这个袋子，你可以直接把耳机放进去，我甚至都不需要碰到它。我会把它放在我的抽屉里,而你可以在下课之后从抽屉里再拿走它……(稍微停顿一下,给汤姆一点反应的时间)要么你把耳机拿给我然后在下课后取回它,要么你选择不这么做,我就会把它交给学校办公室,那么只有等你的父母来学校才能取回了,也就是说,没办法,你得有一段时间不能用它了。我不希望发生这样的事情,我相信你也不想,所以好吧,把耳机放到口袋里面,这才应该是你的选择!

在第三个例子里,你可以看到教师如何完全控制整个事件。每一个阶段,教师总有一项措施可用,并且根本没有遭遇挫折或生气。

第五章

建立良好师生关系，不吼不叫管好纪律

在与情绪化的破坏型孩子和"问题"孩子工作了25年之后，我逐渐得出了一个结论，那就是成功的行为管理只有一个真正的关键点。真"方法库"里有多少"被证明过"的策略并不重要，没有这个关键点，你的努力通常肯定会付诸东流。可悲的是，这个秘密的关键要素常被很多教师忽略，尤其是那些习惯于惩罚，或者认为各种不同的专制形式才是正常师生关系的教师（请敲响警钟）……

我以前曾经读过一位教师的故事，他是在中断了一段时间的教师生涯后重返学校的，他发现自己在处理学生们的违纪行为时非常纠结，时常陷于学生的嘲笑和无视中，课堂上的大部分时间是完全失控的。就是这样一位教师，竟然是一本非常受推崇的关于课堂管理的书籍的联合作者。他是一名心理学家，也是一位拥有15年课堂管理经验的高级教师，之后还成为一名在大学里进行教师培训的讲师。这一切好像一个难解的谜题，我们这一位非常有经验的睿智的教师，即使他已经写过一本关于处理教室行为问题方面的综合教材却发现自己完全无法应付教室中出现的行为问题。他懂得所有的理论，熟知所有的技巧和策略，但是，他还是无法掌控孩子们的行为。究竟发生了什么事情？情况怎么会变成这样的呢？

好了，答案就是：他与新的班级中的一群孩子之间没有建立起联系，他不懂得他们，而他们也不了解他。由于他们不了解他，也就不可能信任或者是尊重他。想想你自己会发自内心去信任一个你根本不了解的人吗？

这位教师回到教室后，自认为在自己所撰写的书中详细阐述的各种理论、策略和案例研究等，会帮助他在弹指间就把可能遇到的问题轻松解决。但是，他却忘记了成功教学中最为重要的准则之一：学生们对他们所熟悉的老师，才能积极地响应；对能与他们和睦相处的老师，才能够更加努力地学习而且行为也会更规范（我必须加上一句：这位教师很快就发现了自己的错误，并且迅速地开始着手解决这一困局。他开始聚焦于他与学生之间和谐关系的构建，并且在学生们的态度和行为上立竿见影地看到了进步）。

抱怨体制很容易，学校制度、课程设置、教学设施、学生、家长、缺乏来自高级教师的帮助、学校的政策，等等，但是，这些因素对于一个和学生关系很好的教师来说，真的无关紧要。在实践中，**那些把与学生的关系置于核心地位的老师几乎在任何教室、任何学校、面对任何最麻烦的学生，都可以取得成功。**

这一章，我将向你展示我所知道的一些最有效的、最容易付诸行动的思路和策略，它们可以帮助你与那些难以接近的学生建立积极的关系，你将成为他们所尊敬和重视的老师，也一定可以在指导他们的时候获得更多建设性的反馈。而当你把与学生的关系放在优先位置，你就能真正看到在他们对你的态度方面发生奇迹般的转变。

为什么要致力于建立良好的师生关系

有些老师告诉我，他们没有时间与学生培养感情，他们的工作只是教书，而不是去喜欢他们。他们每周要面对300多个学生，因此根本没有机会认识所有人，而且有太多的案头工作。我对此深表同情，过去我也曾经这样认为。我知道在这样的情况下老师的压力会有多大，因此我的最好的答案就是"**为什么不建立良好关系呢**？从长远来看，这样做的结果实际上是在帮你节省时间，从而让工作变得更加轻松有趣。"

几年前，我在一位朋友的学校结束培训后，与他谈了谈。他（让我们就叫他约翰吧）告诉我一个他们学校老师的故事（为叙述故事方便，我们暂且叫她珍妮特），她那个时候正痛苦地与一帮特别难对付的学生战斗，她没办法让他们在教室里安静下来。

约翰是珍妮特所在部门的领导，约翰经常会路过她的教室，看到她在教室里竭尽全力维持纪律。他告诉我，有那么特别的一天，他碰巧又从珍妮特的教室外边经过，那时候她正好在教育一帮最让她头疼的孩子。

很显然，这些孩子当时已经完全失控，声嘶力竭地大叫大嚷，根本不理会珍妮特要他们安静下来的指令。约翰一般是不会干涉别的教师上课的，但是这次他感觉到情况正在变得越来越糟，因此他走进了教室，用很平静的语气对学生们讲了几分钟的话。并没有提高他的嗓门，教室里的喧闹声慢慢地降低了分贝，学生们都回到座位上面对着珍妮特，带着愉快的笑脸，进入学习状态。

约翰平静地离开了教室，继续完成其余工作，并没有把这件事情放在心上。但在那天学校的工作结束之后，学生们都离开了学校，珍妮特在员工休息室里找到了约翰。"约翰，你是怎么做到的？你到底是用了什么办法那么轻松就让那群活猴儿安静下来的？"她问道，"他们对我所说的任何指令都不执行，而对你的安排却服服帖帖，而我花了整整一堂课的时间和他们战斗。你做了些什么？到底是什么呢？有什么秘诀吗？"

我可以确信，她并不希望约翰给她一个简单敷衍的回答。她想要的，是一颗百发百中的魔术子弹，一种攻无不克的神奇战术，一个可以给予指示的新方法，一套神秘的手语，或者是一条放之四海而皆准的法则。但是我希望她能够理解他所说的话语中蕴涵的力量，也希望你们能够这样做，那才是无价之宝！那是一个独一无二的、任何教师都可以掌握的重要工具，它可以使你达到这样令人羡慕的境界，原来那些最令你头疼的学生都发自内心地尊敬你！

"这儿可没有什么魔术！"他说，"归根结底就是一句话：我了解这些孩子们，我曾经在他们身上花费了时间。我支持他们在周末来学校里踢足球，我和他们在教室的走廊上聊天，我不时地与他们的父母通电话沟通，我还拜访过他们的家庭，带他们去郊游，并且很多午餐时间里我都和他们坐在一起。我办公室的门经常对他们敞开着，他们知道如果犯了什么错，可以直接进来找我，只要我有时间，我会尽力帮助他们。"

我举双手赞成我朋友的所作所为，在成功的课堂管理当中真的没有什么"魔术"存在，**顺利开展所有工作的基础，就是你要和学生建立一种积极的关系。基于这个基本观点，我会提供一些策略来丰富它的内容。**

快速建立积极关系的两点必备要素

我们知道积极正面的师生关系是多么的重要，它是开展良好教学的核心。最大的问题就是：我们怎样才能开始建立这种关系？我的意思是，特别是在为了建立这些积极、相互信任的纽带时，正确的步骤是什么呢？显而易见，我们必须做一些事情才能达到这种可能；除此之外，我们要切实地行动，特别是不知道该怎么做的时候。

我在一个小型的学生行为管教中心做高级教师的时候，已对此心知肚明，花费了大量时间来给予其他同事和成员以坚定的鼓励和有效的建议，包括他们怎样才能和我们那些麻烦不断的学生们融洽相处。最终我发现了最简单的办法，那就是把一种关系想象成某种类型的账户，有点像银行账户。当我们希望自己银行账户上的金额增多，或者希望从账户中获取更多利息时，那么只有存入的钱越多，所得到的回报才会越大。**换句话说，为了得到回报我们就得先投入。**

这个原则与一个关系账户简直太相似了，我们在关系账户中投入得越多，得到的回报就越大，只是我们投入的不是金钱（当然，我们现在说的是与孩子们之间的关系）。我们能够将自己的"储蓄"做得和其他的事情完全不同而且也更有价值，我们投入的是我们自己。有两种方式：让孩子们感受到我们对他的关心，并且经常和他沟通交流。

如果你反思一下你生命中的重要关系——和你的配偶、你的朋友、你的家庭，就会发现这是千真万确的。如果你不能经常和他们交流，就很难维持积极健康的关系。我们绝大多数时间都是通过不断的说话保持联系（比如面对面的、手机、视频聊天等），或者是写下一些文字（文章、信件、发朋友圈、电子邮件等），我们通过关心别人的情绪变化、举手之间帮助每一个人、一起做喜欢的事情、分享美好的故事、送上小礼物、在学校里一起吃午饭等行为，表达我们对他们的关爱。

仅仅只需要集中在这两个基本的要点：经常沟通联系以及表达你的爱心。我相信我们就已经拥有了与学生建立良好关系的简单的法则。这一章中，我们会介绍更多建立积极良好的师生关系的方法。

如果你对此还有疑惑，那就让我来告诉你我的一位朋友的经历吧！他借助这两项要素建立与客户的积极关系（他是一位销售人员），这样做给他带来了意想不到的结果。乔·杰拉德以前是一位汽车销售员，并曾荣获"世界上最好的推销员"称号。你可以想象，他得销售多少汽车才能够赢得这样的头衔！的确如此，乔十二年如一日地做着同样的事情。他把自己的成功主要归功于他与客户之间的关系，而他着手建立客户关系的办法说起来如此简单，同时又如此地吸引人，令人印象深刻。

基本上，他主要做的是：不管何时何地和谁见面无论是街上、商店宴会，他都会询问别人的姓名和地址，然后把录入自己的数据库。从那个时候开始，每个月，这些人都会收到一份来自乔手写的问候卡。在卡片上写着简要温暖的话，比如："嗨！我正思念着你呢！祝你一切都好！

乔·杰拉德"这样的句子，或是"嗨！祝万事如意，一切顺利！乔·杰拉德"这样的祝福。

高峰时期，乔每个月要手写14000份以上的问候卡片，基本是每天500张，那个时候他甚至雇佣了三名员工帮助他写卡片！你可能会奇怪一个汽车销售员为何要不厌其烦地寄出卡片，特别这些卡片只字未提汽车。他所做的事情就是和他所有认识的人们保持联系，并送上温暖的话语。请想一想：每个人每隔几年就会换车，那么当这14000个人当中有人想买新车的时候，第一个想到的销售人员，你认为会是谁呢？

那么你现在就可以明白乔用来建立客户关系的法则是什么了——和每个人保持联系，然后不时地向他们表达自己对他们的关心，这不是很贴合我们正在谈论的主题吗？所以现在让我们找出如何在教室环境当中运用这两种基本要素吧！

打开学生心扉的沟通方式

正如之前所说，所有关系的核心是沟通交流。不可能有任何一种形式的关系不需要交流，因此当我们和那些最麻烦的学生们的关系糟糕透顶的时候，并没有什么值得惊讶的，因为我们几乎没有和这些学生进行过愉快友好的谈话。

另外，和他们交谈的确非常困难，让他们开口说话或者是展开话题，在一些情况下几乎是不可能完成的任务，尤其是当你还不真正熟悉他们的时候。

这是一个恶性循环：如果你和他们说不上话，那么你不可能真正了解他们，而你越不了解他们，那么你与他们的话题就越少。很显然，我们需要一个他们真心愿意与我们交谈的合适的话题，第一步就是要找出他们的喜好爱好和热衷的事。如果我们能够说出一些真正能引起他们兴趣的事情，才能创造更多的机会让他们愿意与我们交谈。

接下来就容易多了，一旦知道他们的兴趣爱好你就能很容易地与他们展开交流。现在已经有了一个可以吸引他们的主题，例如，他们喜爱的主题和山地自行车运动有关，你可以：

- 询问他们关于新自行车的建议或者是咨询其他有关的设备（我们都喜欢显示自己在某个专业领域具有多么丰富的知识，特别是如果这个主题正好是我所喜欢的那个。好吧，不要让我成为那个提问者……）
- 分享你曾经在电视上看到过的关于山地自行车的故事。
- 整理一份关于山地自行车运动的网址列表并且说："快看这儿，汤姆！你说过你喜欢山地自行车运动，我发现这些网站你可能会感兴趣……"
- 找一些相关的旧书或旧杂志、旧报纸，整理成合集，给他们在空闲的时候看。
- 询问他们的自行车或者是野外骑行的经历，也许他们参加过比赛。
- 咨询他们关于在市内赛道或者是场地骑行时的意见。
- 骑着自己的自行车来学校，然后请他们告诉你如何修理（年轻人总是特别重视可以炫耀自己特长的机会）。
- 把自己买来却从没骑过的旧自行车在电子购物平台上转卖给他们。

现在，我们就可以询问他们在自己的空闲时间喜欢干什么，其中态度比较友好的学生就很会很愉快地与你交谈。但是这个办法对那些脾气暴躁、反社会的学生并不适用，特别是那些未成年的孩子："汤姆，你能告诉我你周末都做些什么吗？""嗯？那是我的事儿，跟你有什么相干？"

对于这些学生，我们在交流时不能操之过急，而是要设法使自己能够出现在他们的"雷达追踪范围"内。我发现下面的思路对于既能发现他们的兴趣爱好又不会引起他们的紧张情绪和防备心理是非常管用的。

问卷式的记录卡片

这是我亲爱的、刚过世的父亲教给我的办法。他是一个充满智慧的人，而他的建议总是值得信赖的，因此我总是放心地使用。记录卡片是销售人员用来记录客户私人信息的方式，这样确保他每次拜访客户时都能对他的情况了如指掌。通常每次他回访一位客户并开始交谈的时候，客户们都会更多地披露一些自己的兴趣爱好和个人生活，这些信息就可以添加到卡片上。这些零零碎碎的小事逐渐积攒起来就形成了海量的有用信息，以供下次会面随时取用，渐渐地双方的关系日益加深，远远超过了一般客户和销售人员的关系，所交谈的话题也越来越多。这种方式大大加速建立相互信任的关系，而信息共享的时间也迅速缩短。显然，如果一位销售人员坚持这么做，就能和他的客户处得非常融洽，顺理成章地，他也能卖出更多东西。

销售员A（就是那个会在卡片上花时间记录客户的个人信息的销售员）：嗨！约翰，这个星期你怎么样啊？莉莉安还好吗？你没忘记她的生日是在星期五吧？听说你上周遇到一点小麻烦，所以我给你带了一本关于地毯清洗方面的书。那么现在，可以让我先给你推荐些新产品吗？

销售员B（对他的客户漠不关心）：你好！史密斯先生，你愿意购买我们的新产品吗？嗯？不愿意？好吧，那就再见咯！

问卷式的记录卡片
电视和电影
你通过DVD看过的最好看的电影是什么？
你在电影院里看过的最好看的电影是什么？
列举三部最近你看过而且非常欣赏的电影。
你最喜欢的三个电视节目是什么？

从上面的例子你可以看到，记录卡片的确是一种很不错的方法，它缩短我们了解一个人的时间。我在教室中也曾经采用过这种方法，把它变成一种有趣的问卷，让学生们填写，这就是"问卷式记录卡"，他们可以在报到期间、自由时间、课间休息、想要了解你的阶段、社会实践课上或者早操时间里来完成填写。我以前常常在每个学期开学的时候将这个问卷发给新生，让他们在早自习的时候填写完成，或者是在注册的时候完成，又或者是在因为下雨而中断的活动时间填写。你需要注意的是，一定要在他们处于良好的情绪状态下发问卷，这时他们才有足够的耐心考虑应该填写的答案。

当你拿到他们完成的问卷后，仔细浏览一下答案，然后将主要的项目挑出来，即三到四种对他们来说最激动人心的事情，你可以把它们一一摘录下来，抄录到教师笔记本的第一页上。

当然可供下载的问卷只是一个开端，根据自己的需要，按照你的学生的年龄段来设计各种问题。而在上面我所列出的问题，可以成功地适用于小学至初中（6~15岁）的学生。

通过问卷得到结论之后你又该做些什么呢？以下就是你从学生完成的问卷中整理出有效信息后可以采取的几种办法：

● 通过不时地发放小奖品的方式来鼓励他们说出自己的兴趣，这种方式可以提高效率。举个例子，如果你的一个学生对某一特定品种的小狗特别痴迷，那么你给她的奖励标签上的图案却是一部拖拉机，那显然是没有用的（在第六章中你会发现更多有效的奖品）。

● 在课间休息时间、安静的读书课上和填表时间，提供一些吸引人的材料供孩子们阅读，专门选择那些和他们的兴趣有关的期刊和书籍。

● 准备真正的兴趣课程。你得选择为全班准备一系列的课程，围绕一个有好几名学生都感兴趣的主题，或者是传授一种技艺，比如说小说的写作，鼓励他们就自己所喜欢的主题编写一个故事。

● 把它们作为一种建立良好关系的工具，它们可以帮助你在他们所感兴趣的事情上打开话题，而这对那些"难以接近"的孩子来说更是非常重要的，它表示你关心并且重视他们。

建议箱

在讲台上放一个建议箱，邀请学生在下课后就自己的兴趣爱好等方面给你提供一些信息："在你离开教室的时候，请把你喜欢的电影、球队、乐队或者是电视节目、运动项目等，连同你的名字一起写在一张小纸条上，放进讲台上的盒子里。"

好了，我们已经提供了不少方法发现学生的兴趣爱好，但在了解到他们的兴趣爱好的同时，你还需要着手准备与他们进行一次真正的谈话。让未成年人与你开口交谈会让他们觉得不太舒服，通常看起来他们更情愿做别的事情，而不是和你交心。出于这个原因，我们需要寻找一条通往心门的道路，这就是下一部分要讲的主要内容。

三种顺利展开谈话的办法

1. 请他们提建议

当我们给年轻人机会来表达他们的意见时，意味着我们重视他们以及他们所说的话。因此，当我们不知道该怎么样打开话匣子的时候，最简单的办法就是询问他们自己的兴趣和观点，允许他们自由发挥，选一些他们了解的主题。

一些学生热衷于就音乐、时尚、发型、化妆和珠宝等方面发表自己的见解，而另外一些则热衷于电脑游戏、运动项目或者其他技巧性和实用性更强的东西。你可能会询问某位学生晚会上应该如何穿戴的建议，或者是给你推荐一张适合在孩子的生日聚会上播放的CD。而对另外一个人，你则可以问她最近电视上放的那部热播的肥皂剧的最新剧情更新了什么？另一个学生有可能会向你推荐一家体面的商店，你可以在里面为你或配偶买上一个新包。如果你想要和一个性格比较外向的孩子展开话题的话，那就尝试着通过让他们帮助你解决实际生活中的一件事情作为开端。

> **小贴士**
>
> 当谈论到与你个人有关的问题时，要确保学生的建议是按照你的要求，而非他们的个人观点。询问一名学生对你新发型的看法可能会使你看起来有点可笑，而请她们为你推荐一个不错的理发师就可能不会造成这种情况。

我曾经将我的山地自行车骑到学校,然后请我的三位新学生在午餐时间帮我对一些部件进行调校。在这之前,我一直试图去打通与这几个孩子之间沟通上的隔阂,但是自从我开设了"自行车讨论小组",就再也没有回到那种状态。这的确是一个开始交谈的很好的办法,并开始与他们建立良好的师生关系。

2. 询问他们的爱好:"富兰克林效应"

当我们考虑与别人建立关系的时候,会凭直觉关心他们或者是做一些有益于他们的事。18世纪的政治家、科学家和演讲家本杰明·富兰克林发现了一种稍显不同的方式:反直觉方式,可以产生同样的效果,即使在某些情况下可能效果不明显,但是在另一些方面肯定是有效的,那就是请求对方帮助。

下面我简要叙述一个很长的故事。富兰克林曾经尝试联系一位政治上的伙伴,可那时候这个人对富兰克林无动于衷,那个人根本不想和他一起做事。一个偶然的机会,富兰克林知道这个人的私人图书馆中藏有一本相当罕见的书,于是,他就询问这个人可否把书借给他一阅。令人万分惊奇的是,从那一刻开始,那个人对富兰克林的态度发生了彻底的转变。富兰克林在他的自传里写道:"当我们第二次在白宫碰面的时候,他主动走过来和我交谈(以前是根本不可能发生的事),而且非常有礼貌;自此之后所有的机会中,他都不遗余力地帮我。"

富兰克林将这归因于一个简单的原则:如果你想要增加某个人对你的好感,最好的办法就是尝试让他们帮助你。我第一次对这条法则有深刻的理解,是通过理查德·怀斯曼教授那本不可思议的书——《59秒》。当你透彻地了解它之后,就会发现它是如此的合情合理,当你为某人提供帮助的时候,它的确会拉近你和他之间的距离。帮助别人能够产生一种被需要的感觉,这会让人感觉良好。

因此，下一次当你努力尝试和某位学生建立联系或者是希望他能对你敞开心扉，请记住富兰克林原则。你可以请他们帮你解决笔记本电脑的问题，搬运那些比较重的设备和书籍，为你推荐书籍。

3. 称赞他们

很显然，当一个人赞扬一名陌生人的时候，被赞扬的人以后提到赞扬他的人时，往往会把他形容得比实际情况更健硕、更苗条，也更年轻。这是一个令人惊讶的结果！赞扬别人不仅仅是开始交谈的一种好办法（一会儿你就会看到效果），而且还会给你带来额外的收获，比如让你看起来更富于吸引力。

赞扬有时会让人误会，这是自尊导致的，或者是因为赞扬看起来不那么真诚，甚至有点虚情假意。在那样的情况下，很容易就让你产生它对开始谈话没有什么用处的想法："嗨！我喜欢你穿的鞋子。""哦，是吗？谢谢！"

因此在和学生们开始谈话的时候，要注意克服这种障碍，利用好每一个赞扬他们的机会。为了减轻学生们谈话开始时的戒备心，我们可以在赞扬中加入三条信息：

（1）加上名字，使赞扬看起来就是针对他个人的；

（2）告诉他们你为什么要赞扬他们，增加赞扬的可信度；

（3）以开放式结尾的问题形式来结束赞扬。

"嗨！汤姆，我挺喜欢你的鞋子！我儿子下个星期要去参加面试，他也想有一双类似你这样的鞋子，你这双鞋是在学校附近买的吗？"

"嗨！汤姆，我听说你在星期六的比赛中表现得非常好，史密斯先生跟我说你的防守太棒了，另一队的表现怎么样呢？"

看完上面的例子，现在你应该知道了在你的生活当中，如何给予学生们一些不一般的赞扬的秘密之所在了吧？

我们的第二种建立积极师生关系的关键性要素，就是要让学生感受到我们对他们的重视和关心。下列收集的一些方法会对你有所帮助。

花时间记住他们的名字

你必须尽可能快地记住你所有学生们的名字，不仅仅是在上课的时间更方便管理，还因为名字对他们来说是一个最重要的符号。当我回想没有记熟的名字，或是没对上号的学生时我都会很沮丧。等到一年的课程都快要上完了，我还记不住他们的名字，而只能用一个手指头指向他、嘴里含混地说着"你"的时候，传达出来的信息就是：对我来说，你根本不足够重要，也不值得我花工夫记住你的名字。当你听到这个结论的时候，会不会觉得非常的震惊和失落？有一个办法可以保证你永远不会犯同样的错误。

怎样快速记住40个学生的名字

你可以通过这个办法在一节课内轻松记住一个班40个学生的姓名，诀窍就在于只需要花费几分钟，注意力集中在单一任务，而你将为它如此神奇而感到惊奇。

首先快速地绘制一张座位表，画一张教室的平面草图，草图上要有足够的空间可以在所示座位上写下每一个学生的姓名。接下来，让他们把注意力都放在一个事先安排好的活动上，给他们每个人布置一个简单的有意思的10分钟任务，一个事先安排好的"热身活动"（我会在第九章中会详细解释）。热身活动是这样的：每一个学生要在大约10分钟的时间内在自己的座位上安静地就座，只要你把他们的名字标注在座次表上，不需要你的指点或者是提醒，独立地完成一项任务，他们完全可以在没有你帮助的情况下做到这一点。

小贴士

让一位负责的同学把本班同学的名字写在你的座次表上（比如说核对座次表中每个学生的名字）。避免学生告诉你虚假的名字，如果你碰巧遇上一帮"问题少年"时，这种方法特别管用。

下面以一种有趣的方式来继续。当学生们完成功课的时候，你可以从座次表中抽出一个名字，然后在眼前这群你还不知其名的小脑袋当中把他（她）找出来，现在要做的就是在你的脑海中将他的名字与一个疯狂的形象联系起来。奇特的、巨大的、多姿多彩的、与众不同的和风趣幽默的，各种你可以想象到的形象都可以，这样做不会花费超过30秒钟的时间。

我们对图像的记忆能力要远远大于记住文字，而我们记住有趣的、奇特的和古怪的图像的能力，远远强于记住那些普通的图片。举个例子，比如詹姆斯坐在前排的课桌，我的脑海中就会涌现出与西班牙超现实主义画家达利的画。那是一个巨大的桃子，我会因此花上几秒钟看着詹姆斯的脸，想象他的头像一个可爱的桃子。海瑟这个名字则可以想象为在她的头上顶着一蓬杂乱的石楠花灌木（海瑟在英文中是"石楠花"的意思），脑袋旁边围绕着一大群嗡嗡叫的大黄蜂。

对非英文的名字来说，这样的联系可能会有一点抽象，不过过程倒是基本一样。苏迪帕这个名字听起来有一点点像"太深（so deep）"，然后想象她站在一个湖边或者是正在往一口深井里看。穆哈莫德，是一个非常流行的穆斯林名字，让我马上联想起关于阿拉伯的印象，因此我仿佛看到他身着一袭白色长袍，戴着白色的头巾。另外一个方法，如果他具有开朗的性格，那么我就更偏向于将他比作著名拳手穆罕默德·阿里，戴着鲜红的拳击手套。想象的画面中，加入与学生相对应的性格或者是习惯，这对于记住名字来说也非常有用，特别是当你的学生里有同名同姓者时，你就可以用这种方式区分他们。

一旦你使用这种方式记住学生们的名字，这些名字连同学生的形象就会牢牢地永久封印在你的记忆当中。很简单，很有效。第一堂课结束之后，你叫出每个人的名字（不需要更多地借助于你的座次表）并与他们告别时，他们脸上闪现的欣喜的表情将是无价的！

抱有积极的期望

1968年，罗森塔尔和雅各布森进行了一项著名的研究，结论就是教师的目标期望对学生的智力发育水平有正向的积极影响。古希腊的雕塑家皮格马利翁的高期望最终实现，他将一个没有生命的雕塑变成了一个漂亮的、有生气的人。我们心中对学生所怀有的期待和信仰对他们也能产生不可思议的影响。

要利用好这种效应，那就得给你的学生贴上积极的标签。尝试将他们全都看作（甚至是那些最让人头疼的学生）"优等生""成绩优秀的"或者你"喜欢的学生"，这样你就会发现这让他们觉得自己也是积极阳光的（相应的行为就会随着观念的变化而变化）。不断地提醒他们是有能力的，是别人的榜样，可爱的，非凡的，对别人有用的，能够取得成功的和能不断取得进步的，这些暗示都鼓励着他们持续进步。

作为一名教师，我知道高期望值是非常重要的。在几乎所有的书中，绝大多数的培训里和我参加过的INSET课程，里面都提到了它的重要性。但是我自己则是在多年之后，才真正看到了目标值设定的威力有多大，结果令人难以置信（有好的，也有坏的）就发生在学生们身上。

以前我有一个在海外工作的朋友，他把国内的房子租给我并委托我把房子卖掉。一天，一位体面的女士顺路过来说想看一看房子。当时，我的电脑、书本和各种各样的随身用品散乱地堆放在餐厅和房间，她看到这一切的时候,问到:"您在这儿是做什么的?"当我告诉她我是一名交换教师,现在的工作是帮助其他老师来教育问题孩子的时候,她神情严肃地看着我,并告诉我她之前在学校里屡遭挫折,而她对中学阶段的记忆都是灰暗的和消极的。

但是她接着告诉我,她现在算得上是北英格兰收入最高的律师。她解释说在小时候她一直都是A+的优等生,即使是到了初中她也是班上成绩顶尖的学生,而等她上了高中之后却出了问题。有两年(她最重要的考试阶段)她的成绩明显地下降了,而最后她连毕业考试都没有通过。她不得不复读一年,而复读之后她全部以优良(都是A或者B)的成绩通过了考试,从而得以重新开始了她的A级学业等级的生涯,过去的都已成为历史。

"哇!"我说,"要是能找到你如何发生如此之大转变的神奇药方该有多好啊,那我就能够给予那些困境中的孩子们更多有力的策略了,也能为学校做出更多的贡献!"但是第一步我需要知道在那两年中是什么原因导致了她的失败,而这是最引人关注的部分。一开始她对此完全没有感受,不明白当时为什么会有这种转变,她对此事并没有进一步地思考。不过现在,她很乐于想清楚退步和回升的原因。事实上,我们都开始着迷这未知的景象,甚至开了一瓶红酒,完全忘记了看房子的事情!

就算经过我一系列"连珠炮"似的提问(比如,家里有没有什么可怕的事情发生?你转过学吗?课程变化过吗?你和你的一些老师之间存在问题吗?你被谁恐吓过吗),我们还是没有找出原因。

然后她突然想起了什么。原来,高中读了一年之后,她的年级组公布了一张分班表,作为一个小姑娘她想当然地认为分班是基于能力和分数。实际情况是:为了公平,这次分班只是简单地按照注册登记表上的名字,而她名字的首字母是"W",她发现自己的名字居然排在了最后,对她来说是极大的恐惧和失望。

从那一刻起,她对自己的能力丧失了所有的自信,很快变成了一个在榜尾徘徊的学生，她的成绩直线下降而且学业生涯就此发生了逆转。这并不是通过考试成绩而获得的评价，可以想象她的学习成绩开始下降时，震惊的父母和忧心忡忡的老师们的失望之情，考试是可以衡量学生的真实能力的，而那个时候，谁还能够确切地知道她的真实能力究竟是怎样的呢？

学生根据自己的能力和分数确立自信，同时这又在很大程度上受到老师对他们的期望值的影响，这将会对他们的学习产生很大的影响。孩子们的确应该知道，学生真的需要有权力的老师相信自己。

提供足够的帮助

我还记得在很多年前我教过的一名15岁的男孩，他的行为极其难以管理。我教他的第一节课，完全是一场从上课铃开始到下课铃结束的教室战争，他根本不愿意听从任何安排，上课完全游离在课堂之外，并总是试图摧毁整个课堂。

第二节课开始的时候，我在教室门口逮住了他，告诉他在别的同学进入教室的时候等我一下。他以为我是打算就他上次课扰乱课堂的事情给予他警告或惩罚，所以当我说出下面的话之后，他感到非常震惊："你知道吗？杰克！上次课我不禁在想究竟出了什么问题，你看起来一点儿也不开心。我可不想你带着坏情绪来上我的课，我也不希望你现在的这个样子一直持续下去。"我微笑着看他，他也抬起头来看我，我继续说："我觉得我的课对你是有帮助的，我希望你能够从中学到什么东西，请告诉我，对你来说我怎样才能把课上得再好一点呢？"

他沉默了很长时间，试着理解我的意图，然后他开口说话了，就像是打开了瓶塞一样。他告诉我，他看不清黑板，不能很好地阅读，需要佩戴一副眼镜，而一旦他戴了眼镜，同学会笑话他，还有就是他不明白课上在讲什么。他的行为其实是很多常见的消极情绪的后果，害怕失败和感到不适。

因为要开始上课，我们不得缩短交谈，但是那一小段在教室之外的聊天却从此开启了我和杰克之间一段与众不同的师生关系。他现在视我为一位可以随时帮助他的人，而我看他不过就是一名遭遇了麻烦的孩子而不是"麻烦孩子"。我做出了改变适应他的弱点，给予他额外的帮助，他的行为几乎在一夜之间发生了翻天覆地的变化。他总是面带微笑来到学校，并且每次我问问题的时候他几乎都会举起手。从那时起，他在功课上投入的努力程度简直令人难以置信。

赋予每个人责任

通常情况下，那些对我们来说最头疼的学生往往都是拥有巨大领导潜力的人，他们的行为很大程度上是源于对关注和权力的渴望，而他们强大的个性也通常使他们很容易变成受欢迎的领袖。**赋予他们一些要需要担当的责任，可以将他们的精力转移，不再试图通过不恰当的途径来表现自己、获取知名度。**同样，对一位你这样的老师来说，也可以与他们结成强大的联盟。

承担责任的方式有很多种，从负责某种特定的仪器，直到管理及帮助更多的班级当中的弱势群体（比如说那些受到欺凌的学生），把控制小群体的噪音或者是给学生们一个机会对他们自己的作业进行评分，并且选择课堂上所做的活动。

下面列举了一系列可能的教室工作和职责：

教师助理：选出一名学生当你的"跑腿者"（比如负责去找这个、找那个）。

黑板掌管者：职责是保持黑板的清洁以及周边环境区域的整洁。

课代表：如果你有自己的课程目标和课程指引，那你就可以指定一名学生为你将它们在开始上课的时候写在黑板上。

教室园丁：负责教室里的绿色植物的养护。

设备监护：每天都要保持教学设备的整洁和完好。

噪音控制（"嘘"者）：职责是保持一个有序的学习环境，并且让学生之间的交谈按照你所设定的轨道进行。

气氛鼓动：负责激励动作慢的学生，保持教室气氛的轻松愉快。

点名管理：负责点名和签到。

VIP：职责是欢迎新同学或者是班级来访者，也可以在第一时间内收集其他学生遇到的各种问题，VIP在课间休息时也可以拥有特别的权力。这个角色可以轮换，或者是以学习的努力程度来作为不定期的奖励。最近我工作过的一所初中学校里，VIP会穿上一件辨识度很高的马甲，就像一件制服一样，让别人一眼就可以认出他们，他们穿着它别提有多自豪了！

卡片和笔记

不要低估卡片、纸条和信件的作用，它们会是和一些学生联络的非常有效的工具，特别是那些不愿意面对面跟你谈话的学生。卡片、纸条和信件相比语言可以显示出更多的重视和关心。如果今天正好是某个学生的生日，比仅仅说一句"生日快乐"更进一步的就是给他们送上一张生日卡，这样做能够带给他们更多特别的关爱（如果他把生日卡带回家，无疑还会使你在家长心目中增加更多的印象分）。

如果一个学生来晚了，可不是仅仅在点名册上给他们打上迟到标记那么简单，给他送上一张进步卡。当如果一个学生特别努力地尝试完成某项任务或者是出色地完成了一件特别的事情，你为什么不能给他们送上一张感谢卡呢？

> 亲爱的：
>
> 　　今天你在班上所做的工作真是太棒了。看到你继续努力学习真是开心，而且你一旦努力尝试，你真的能把事情做到最好，不是吗？可以好好地想想这一点，在按时完成作业的方面你其实还可以做得更好。只是你平常不太爱把它们记录下来，今天的家庭作业是……
>
> 　　如果你对此需要任何帮助，那么在今晚回家之前你可以随时来找我，确保你能够出色地完成它！我期待着你在本周三的时候能够把作业交给我。祝愉快！

> 亲爱的：
>
> 　　今天在班上看到你真是太好了！上课的时候有你在，课堂气氛就会更加活跃。因为这个原因，真心希望上课的时候能多看见你。你能够确定明天能够准时到校上课吗？请你一定要记住这一点，这样我也就不用再担心你！记住哦，上课的时间是上午9:10。明早见！

　　评分工作看起来是一项杂务，但它也是另外的一个机会，可以联系学生、加强纽带，你也可以借此机会与那些不善当面交流的学生们进行沟通。通过使用小贴纸，或者直接写在他们的练习本上，可以问问题，送出良好的祝愿，为他们的某项成绩表示祝贺，跟他们讲笑话，或者是提供各种各样的反馈信息。这种私下的小对话都能传递一个信息，那就是你重视他们和关心他们。

花时间倾听

早餐时间和午餐时间是用来建立师生关系的最佳时间。我的一位朋友及同事确立了一个观点，不要在学校的员工休息室里浪费一分钟。取而代之的是，在早餐和午餐时间他都会开着门一直待在办公室里，学生们可以来下棋和做游戏，或者仅仅是聊天。他很少甚至可以说是从来没有在课堂管理中出现过问题，他的名望来源于学生、来源于他的和蔼可亲，这一点迅速地传遍了整个校园，学校里的学生都知道他是一个容易交流的人并且非常善良。他为此而备受学生尊敬，甚至包括学校里那些最麻烦的学生。

给予或者借给他们一些特别的东西

你还记得那些让人最头疼的学生们有多少次忘记带笔来上课？与其递给他们一支一支破旧的笔，为什么不能把这当作一个建立你和他们之间良好关系的机会呢？

借给他们一支廉价的、脏兮兮的破旧钢笔，相当于是告诉他们："我是不会太为你着想的，我对你的信任不足以让我借给你一支体面的笔，而我也觉得你配不上它"；这就好像是告诉他："别人都拥有一支刻着我名字的钢笔，而给你的这支则是我剩下的。"但是如果换一种方式给他们并且说"这支笔可是我儿子送给我的礼物哦，我信任你，所以现在把它借给你，因为我知道你会爱惜它，我也希望今天你能用它好好写字"，则会传递出完全不同的信息。

学生们会以他们觉察到的被对待的方式来回应我们。你轻蔑地对待他们，他们当然不可能尊重你。如果你尊重他们，并且时刻传递出你信任他们的清晰的信息，则会得到完全不同的反应。

组织旅行和参观

带着你的学生走出教室，你们的师生关系会走进全新的境界。你自然就会在你的学生眼中呈现出一种更为自然的样子，从而地流露出你对他们的关爱。外出郊游，特别是社会实践，同样可以帮助学生们培养一个实用的社会技能，这样联系就能比在教室环境内更快地建立并加强。

教授他们新的技能

我们可以通过赋予学生们克服困难和缺点的技能来展示我们的关心，我经常使用一个很少甚至可以说是从来没有交过作业的孩子的例子，真的只有向他们咆哮才能帮助他们纠正不良行为并完成作业吗？那会不会是因为学生缺乏技巧而给老师造成了缺乏努力的印象、而不是纯粹的好斗？那些经常破坏规矩或者是看起来不愿意服从规矩的学生需要的支持和教育总是比其他一般的孩子更多。

花一点时间教这些学生时间管理的技巧，或者是保证他们能够充分地理解功课并完成它们，会显示出比扣留他们在教室完成功课更为深层的关心，甚至能够帮助他们准时地完成并且上交作业。

参加学校活动

如果你的学生们要参加一项体育运动，或者是准备在一场音乐会中进行表演，或者是发明了什么新奇的东西，那你一定要去现场观看他们的表演。牺牲闲暇时间支持他们，没有比这更好的显示你对某人的关爱的方式了。这样做，同样会给你提供一个稍后可以在学校里谈论的话题。

更多地关注他们

每天多花点时间和每一位学生谈话，保证班上的孩子都和你交谈过。

留出一个教室的照片板的位置，并在上面张贴你的所有学生的照片，他们可以自己从家里带来，或者你也可以在学校里趁他们开怀大笑或者嬉闹游戏的时候为他们拍照片。要关心他们的健康，如果他们看上去状态不太好，要及时送他们去找护士或者是去诊所。如果他们因为生病而耽误了一两天的课程，那么可以给他家里打电话询问了解他现在情况怎么样，或者是送上一张健康祝福卡以及需要完成的作业，在其中夹带班上其他同学的祝福。如果今天是他们的生日，给他们送上一个蛋糕和一张生日祝福卡片；如果他们生病时是待在家里，那就在他们的家校联系册当中附加上一张祝愿他们早日康复的纸条。如果他们穿着一双新鞋、剪了一个新发型或者是戴了牙套，给予他们赞美（祝福他们早日取下牙套）。像这样的祝福和赞美会被你的学生记很多年，甚至是一辈子的事情。

展示每个人的成就

课堂应该具有展示每一个学生成就的功能。

当然，有些学生可能会对他们尚未完成的工作被你展示在墙壁上而感到有点不高兴，如果是这样的话，你可以选择别的方式来展示它。

其中一种方法是成立一个成就展示的管理小组，安排从艺术系（也可以是高年级的或是有艺术天分的学生）毕业的学生给该小组的成员讲授制作展板的技巧，如文字、颜色、布局等等，并赋予他们管理和定期更换展板的责任。

你甚至可能要为牺牲了其他老师的休息时间而付出一点额外的资金。

建立积极关系的挑战

在这本书的所有策略中，这可能是最有用的方法之一。

简单地说，它涉及做出明确的承诺，以及改善教学中任何一种棘手的关系，接近那些给你的教学造成困扰的学生。

这并不是说你要忽略其他学生，而是你对某个学生更加用心。

这个具体的做法是计划每天花费最少30秒与这个特别的学生进行交流，为期20天（四个工作周），同时观察你与他的关系如何变化。

如果你发现自己能够做得更多，那当然更好。但我们的目标是每天只需要30秒，超过这一标准可就属于福利了……

需要澄清的是"建立关系的谈话"，并不是指命令学生在课堂上坐好，或者责问学生为什么还没有上交他们的功课，它是除了正常的、日复一日的教学对话之外的谈话。

你可以谈论所有的内容，比如电视节目、流行音乐、足球的比赛得分，他那双很酷的新鞋是在哪儿买的，以及他们的爱好和兴趣，等等。如果你觉得这样做对你来说很难，那么请记得尝试前面书中第85~87页提及的如何寻找与学生的共同话题的方法。

用好你的每一个30秒，比简单的"嗨，最近怎么样"更丰富一些，用更生动的话题充实它。在教学过程中长期积累起来的经验，会使你在课堂管理以及与其他学生合作的过程中驾轻就熟，但在其他时间里，你则需要更多的创意。这可能意味着，你积极地走出教室，找到学生和他们一起排队等待午餐或公交车，每周定期和他们聊一聊"怎样才能使你的工作做得更好"。在跟他们一起午餐或仅仅是利用课间休息的时间，在走廊上和教室里就可以挤出时间和他们交谈。你只需要利用好你的优势，通过简单的技巧就可以与学生们进行无数次沟通和交谈。

注意：最初几次，你几乎都会遇到不大情愿和消极应付的学生，某些情况下，这些额外的关注甚至可能会吓坏一些学生。所以我建议的策略是先建立融洽的关系，因为如果你在与学生交流的时候太直白、太严肃或者太迅速，那么学生的表现会适得其反。

我们都玩过磁力排斥游戏（好比我们越是给别人更多的关注，他们越是往回缩），所以关键是第一次要谨慎行事。如果你去跟一个从来没有联系过的学生说，要向他们提供一堆杂志（"我给你找到这些杂志，因为我知道你对山地自行车很感兴趣"），并且直白地说出了学生从未表露的兴趣，他们自然会怀疑这到底是什么回事。

最坏的情况（特别是如果你太过于直接），他们会认为你的行为非常奇怪，所有的努力，反而会在你和他们之间造成新的障碍及猜疑，所以，放轻松些，慢慢来，尤其是在面对非常具有挑战性的学生的时候。

第六章

课堂上的正面管教

多年以来，我已经注意到，老师觉得最难管的学生行为几乎全部都集中在那些课堂上会犯错的行为，有的老师似乎一直都在寻找那些不按他们要求做的学生。

而最好的老师会花更多时间去寻找和确认良好的行为，坚持这样做的话就可以创建一个完全不同的课堂氛围，让大家都可以感觉快乐和轻松。

本章中，我们来看看经过那些成功的教师实践过的各种正向强化的策略。首先从最效果最为显著的一点开始——赞美！

赞美带来的转变

我首先分享一个小故事，说明为什么我会认为赞美是一个老师可以使用最强大的转变策略。

在教了十多年的书之后，我于2006年第一次开始为老师们提供专业的课堂管理培训，虽然我对自己刚刚成立的那家专门从事培训的企业充满热情，但同时也发现运营公司非常艰苦。

当我在高速公路上开车，或者是出国旅游的时候，我会花大量的时间考虑学校或其他企业培训的方案（其实我对任何形式的文书工作都没有太多的激情），可以说几乎所有清醒的时间我都在考虑如何设计培训方案，我一直努力地工作并逐渐使自己的业务在网上顺利地运行起来。

那段时间里我把很大一部分精力花在我并不擅长的事情上，正因为如此，它最终使我倍感压力和无奈。想起来了吧？我想现在很多年轻人在学校里也是这样。那段日子里，我每天会都工作12~18小时，每周工作7天，周而复始永不间断，保证自己能够看清前方。

但是心中那种焦虑的感觉永远挥之不去，特别是面对每个月都要支付的账单，我就开始怨恨这些工作带来的烦恼。

几年后，我开始碰壁了。

在2008年，我的母亲被确诊为血管性痴呆，每个星期我都要从纽卡斯尔开车到坎布里亚去照顾和看望她三四次，期间我还要照顾我十几岁的儿子（对不起，我忘了说明，我当时一个失败的单亲父亲）。另外，我的父亲罹患白血病和帕金森氏病，而我妹妹的第二次肾移植手术被否定了，只能够坚持透析保守治疗。这些事情充斥在我的头脑，只有三分之一的时间属于自己，培训预订变得零零星星，钱很快干涸。雪上加霜的是，那个时候我还被要求在英国南部举办培训，我只好每天在车里将就着睡上几个小时，而不是住到预定的酒店，一部分原因是为了节约开支，一部分原因是我可以驱车回去看望我的母亲。

不久后，我自己的健康状况也开始变得糟糕，我到了被迫放弃自己事业的边缘。很显然，我的重点是我的家人，所以我决定终止自己的生意。

过去几年里我曾全身心地投入到这桩生意中，现在要放弃它就像是砍去我的右臂。但是，我不得不为我的家人和我的理智而放弃它。

我非常不情愿地写了一封电子邮件给我所有的客户说明情况，告诉他们我需要中止工作。他们当中的很多人都会在购买每个月更新的培训材料时支付少量的会费（这几乎是当时我唯一的收入来源），我收到的大多数人的回信都对我表示支持和理解。于是，我关闭了购物车，取消了网站下载。

在三四个月没有收入后，事情开始变得非常困难。有句老话说"你工资的三分之一都是从下水道里流走的"，相信我，老话自有道理！因为三个月后，抵押贷款和汽车贷款的提醒消息和警告信陆续送达，有人威胁要停我的煤气和电。有一次，我有将近两个星期没有在冰箱里放任何的食物，全靠朋友的帮助才勉强果腹。财政问题让我濒临破产，我发现自己更愿意躲在桌子底下，只要有人敲门我就担心是警察来了。这是一个极其艰难的时期，我真的觉得透不过气来了，没有能力鼓起勇气去工作。

现在回想起来，这些都已经成了点点滴滴有趣的故事（感谢您陪伴我坚持至今）……

几个月后，我又慢慢开始得到企业培训的邀请，继续推着自己往前走。但是，究竟是什么让我重新回到正轨，原因可能和你想得不一样。

这不是因为我遭遇到电力或煤气被切断的威胁，也并不是说我的车已被银行收回的事实，或者是我面临着无家可归的危险。威胁和惩罚并不能让我改变自己的行为重新开始赚钱（然而，我们是否经常威胁或惩罚孩子，认为这是让他们去做什么事情的最有效的办法？我们总是希望孩子能够按照我们的意愿行事）。

以我当时的情况，威胁并没有什么用处，因为我毫不在乎，我已经达到了极限，开始破罐子破摔："把房子拿走好了，我真的不在乎。把车拿走，那也没关系。"我真的毫不在乎。再次强调一下，这其实是我们的很多学生的心理状态。你知道年轻人的真正困扰是什么？他们真的害怕你的威胁或者留堂吗？"所以呢？你这样做，我根本不在乎！"这是一种要引起我们警觉的态度。当我们心态已经如此消沉、退无可退时，处罚将不成其为一项有效的激励措施。

是什么让我产生足够的动机回去工作？你可以参考我的故事，在课堂上与学生轻松地应用这种方法，它的效果与惩罚、惩戒和施压完全相反。几个月的时间内我收到了数以百计的电子邮件、信件和电话，我的客户告诉我，他们是多么想念我，他们认为我曾经给他们的服务是多么的完美，但是他们尊重我的决定，首先应该把家人照顾好！我发出的邮件包括我的培训改变了他们的教学方式，从中我已经间接影响了数百名学生的学习和生活。

我得到的帮助同样令人难以置信。现在我常常回想起那时候他们给予我的关心和同情，让我也能以同样的方式展现给完全陌生的人。更让我感动的是，有几个好心人甚至提出要来我家，帮我照顾我亲爱的母亲！而他们与我的关系，仅仅是我每周给他们发出的几封电子邮件。那时候，还有类似的其他联系人也对我施以援手，这一切给了我巨大的动力。现在，请你明白，我不是在自吹自擂，我只想让你们理解：积极的反馈和支持拥有的巨大力量以及它们可以带来的美妙效果！

现在你明白了吧，积极的赞美在情感层面上的作用远远超出了达到目标或者是显示进展，它直接触及灵魂深处，这就是为什么它可以非常迅速地引起人们的深刻变化。它具有真正的力量，可以彻底改变那些制造麻烦的学生，只要你的赞扬恰如其分。那么，现在我们就来了解这一章的内容吧。

如何让赞美更有效

我刚开始接受教师培训的时候，就被告知需要记录在教学实践中采用正向积极措辞的频率。在一次观摩课上，我的导师列出了我在上课时所有的积极评论，以及一些不太积极（不一定是负面的，只是"不太积极"）的评论。下课之后我看到结果，感到十分吃惊。

上课期间，学生们做出的回应，基本都是学生做错的事，诸如"坐下""安静""不，不是这样的""不要做""没有""当我这么说的时候""别冲我来"，等等。看起来整个上课过程就是我在不停地纠正、指令、命令和消极陈述。同时我也发现，我几乎从来不肯定学生所做的正确的事情，很少鼓励他们的努力，我和学生之间的交流都很草率，动不动就想要采用惩罚性措施。

大量的研究都支持这个事实：学生们需要的不是消极的评判而是积极的互动，可是我们中能做到这一点的人的确太少了。站在学生的角度想一想，在接受了一个又一个的批评后，正向和积极反馈显得多么弥足珍贵。所以，在我意识到自己在这个方面的不足之后，我努力在以后的课程中寻求解决这一问题的办法。

我曾读到过：对每个消极的人，做出六个正面评价就可以给他带来奇迹般的变化。我试了一下，但是结果让人很绝望。我发现自己说的都是一些苍白无力的、廉价的评语，这些话你可以在每一个教室门边听到。我想你知道它们不过是些"你做的很棒""很好""噢，太好了"这一类的话。当然，我达到了所谓的积极发言的指标，这是上课前导师们给我的建议。但是，到底一个优秀的老师应该如何才能在教室里发自肺腑，源源不断而又自然而然地做出积极的评论呢？特别是当他们埋头于教学甚至无暇顾及与工作有关的其他事情时。

当我们在谈论要从情感层面上持久地关注学生并由此创造变化的时候，我们更需要关注的是赞扬的质量而不是数量。有很多赞扬要比仅仅说一句"干得不错"更加有效，因此在本节我将与你分享如何让赞扬更加有效的一些点子。

这里有一些改善赞扬的方法，它可以在那些充满挑战的学生中创造出你想要的积极变化。

1. 有具体描述的赞扬

真心的称赞，带来意想不到的效果，当有人把精力投入到某件事情中，或者已经成功完成了他们平常不会完成的工作，你要真正地重视他们的努力，然后再描述他们做了什么。用经过深思熟虑的、专门的表述形式来证明你对他们正在做的事情非常地关注,这种方式所达到的效果绝对是"干得不错"无法企及的。

如果你想要用赞扬改善学生们的行为,那么你使用的评语就有必要对他们做得对的事情进行全面的认可。我的意思是赞美必须有具体的描述,就像这样:

汤姆!退后一步,看看你做了什么?这是一幅很棒的画啊!与众不同的是你画的眼睛栩栩如生,眼睛里仿佛可以反射出光芒,这使它看起来如此逼真!而且你把头发也画得很有质感!

汤姆,你最后10分钟一直都安静地坐着并完成功课。这非常好,因为现在你可以去帮助其他的学生,而我不需要再跟你说什么或者提醒你这样那样的了。很棒!你已经证明了你可以独立完成这些!

2. 赞扬的是不懈的努力而不是成就

如果有朋友在减肥,你会不会等到他们已经达到其目标体重之后再赞扬她?事实上,你会在他们前进的道路上给予帮助与鼓励,因为承认他们的努力,以及帮助他们继续坚持对他们来说非常重要,更可贵的是这样的支持可以帮助他们克服或避免挫折感。

通过专注于过程的努力,而不是最终的成绩,我们可以赞美那些即使最后仍然难免失败的学生,这是非常重要的。等待一个孩子在任务成功后再当面称赞他们,意味着你错失了无尽的机会。要随时鼓励他们继续努力前进!这里有几个方法你可以用于赞美和鼓励学生所做的努力:

汤姆,你在这方面做得真的很好。迄今你所做出的成果正在积累,只要保持用相同的方法,那么你可以在任何时候解决类似的问题。

你真的非常努力,汤姆!很高兴地看到你投入那么多,你真的表现出惊人的毅力,这就是取得进步的重要力量!

3. 发自内心真诚的赞扬

真正的赞美来自内心，每个孩子都能非常快地察觉到谁是试图用虚伪的正面评价敷衍他们。如果你带来真正的变革，你真正的赞美，必须是发自内心的。

这意味着你必须具备非常高的敏锐性，察觉学生身上的那些微小的积极的进步。有的甚至只是朝着正确的方向走了几步而已，即便如此，它们也都值得我们关注。我们必须记录那些时刻，因为当我们这样做的时候，就有机会让他们不断重复良好的行为。

4. 注意：赞扬往往在一对一的基础上更加有效

有些学生（令人惊讶的是他们所占的比例还很高）不喜欢在别人面前受到赞扬，因此你应该更多地选择一对一的私下场合赞扬他们。在他们进入教室上课之前单独跟他打招呼，在课程结束时或上课期间都可以。只需要花费很短的时间交谈，甚至30秒钟就足够给他们一些真诚、由衷的赞美了。

5. 通过赞扬帮助学生反思自己的努力

有些老师竭尽全力地用华丽的词汇来吹捧学生，赞扬他们的一切，希望用一大堆积极的话来提高他们的自尊和激励他们。但是，当我们让学生停下来对自己所做的事进行反思，并加以称赞的方式其实更有效。通过让他们在做事的过程中稍稍停下来回顾自己的努力，我们可以鼓励他们体会和评价与积极的行为相关的感受。如果他们喜欢这种感受，那么就有更多的机会让他们重复良好的行为和习惯，为了他们自己，而不仅仅是为了取悦别人。我们能做到这一点的方法之一是简单地问一个与他们的努力相关的问题：

汤姆，停下来，花一分钟看看你在做的工作。告诉我，你觉得今天做得怎么样？嘿，汤姆，现在，一切都已经走上正轨，你已经解决了那么困难的问题，感觉怎么样？你是用什么办法来解决这个问题的？你现在是否认为你可以使用这些相同的办法来解决你下一次将要面对的类似问题？

现在我们知道如何改进我们给学生们的赞扬，这里有一些方法来真正实现它。

有效使用赞美方法：学生更配合

这些功能强大的赞美策略可以用在课堂上和学校里，创造出学生们的变化。

1. 连带赞美（又名"雨刷赞美"）

连带赞美依赖于"连锁反应"，你赋予个别学生的积极感受会在教室里传播和扩散。其他学生得到的信息是，如果他们以类似的方式表现的话，他们也将得到积极的关注和赞扬。

通过一个参加我的课堂管理课程的老师提供的一个新建议，我们可以放大这种影响的力量。这就是所谓的"雨刷赞美"，这个做法非常简单，但是很有效。

比方说，汤姆像往常一样没写作业。通过赞美其他两名在教室里坐在他两旁的学生，盖里和凯兰，我们就可以小范围地使用这种连带赞美方式。如果他俩正好是汤姆的朋友的话，这样的赞扬会变得更有效，但即使不考虑这一点这种方式也能运转得很好。下面是一种可能的情形：

嘿，盖里，你明白了。老实说，我真没想到你能够处理这个问题。绝对精彩！很高兴见到你这样学习。让我们来看看你，凯兰……你改正了刚才的作业，目前有了正确方向，做得很好。现在，你想象怎么才能继续在这个基础上加以改进以达到一个新高度？

过了一会儿……

感谢你把它扔垃圾桶里了，盖里。顺便说一句，昨晚我看了你们在谈论的那部电影，它真的很有趣，谢谢你推荐给我。

好样的，凯兰，我喜欢你目前所做的工作。我真的对你们俩的工作很满意，你们的作业非常出色。谢谢。

这一过程需要重复数次。

现在你明白怎样赞扬了吧？并且你一定也猜到了它的名字为什么叫"雨刷赞美"了吧？我们的想法是，如果老师不断地在赞扬中提到盖里和凯兰，那么汤姆的头脑中一定忍不住会去琢磨他的两个邻居到底都做了些什么，让他们吸引了老师的积极关注，于是有可能他会从中悟到一些东西。

2. 间接好评

间接赞美是承认学生的优点、能力和努力的一个重要方式，你不需要直接对他们说些什么。通常情况下，老师对其他人提及学生所做的好事情可能比当着学生本人的面说更有影响力，也更容易为学生接受。

这样做有两种方式。第一种是跟另外一个学生谈话时赞扬另外一个学生。在下面这个例子中，老师通过告诉班上其他学生的方式认可这位学生的努力。无论哪一种情况下，说话的声音都要足够响亮以便让汤姆听到。

这个问题你可以多问问汤姆，他会很快搞定它。

你去看看汤姆怎么处理这个问题，他在这一点上反应特别快，你可以从他身上学到很多东西。

去问问汤姆吧！如果你可以看看他上节课的回答——哇哦！那正是我一直在寻找的！

第二种方法是当着其他老师的面表扬一名学生。跟另一位教师交流学生的努力和能力的时候，也要让学生能够听到，但是你要装作不知道他们在听。学生如果发现其他教师在交谈中对他们做出积极的表扬，总是会很开心的。

史密斯先生，你有没有看到汤姆今天上午的表现？老实说，我无法相信这孩子是如何通过努力取得了如此之大的进步！

3. 书面表扬（学生的最爱）

我在过去几年内，回访了各个年龄段的数百名学生，询问他们最希望通过努力得到的回报是什么，以及什么样的正面赞扬和鼓励最令他们心动。我给了他们一个列表，例如，把他们的功课给更高级别的教师看，把他们的功课展示出来，在集会上提及学生的姓名，与家庭取得联系，获得有价值的分数，在评语本上写下表扬，发小贴纸，送糖果或甜食，计算机使用时间，选择活动的自由权，等等，并要求他们一个个打钩。令人意外的是，他们几乎每一个人都选择与"家庭取得联系"这一项。而从经验中我也发现，给学生的家里寄去一封积极肯定的信件，或与家长通一个简短电话，都可以迅速改变先前消极的孩子，让他们变成一个更为积极、渴望快乐的孩子。这种方法对所有年龄组的效果都很好，它对那些不喜欢在公开场合接受表扬的学生来说，同样非常有效。一封精心准备的家信意味着他们的朋友永远也不会发现这个秘密！

寄给家里的信可以是快捷的便条，当然，如果你用有学校名字抬头的信纸写信会显得更正式。对那些一贯保持努力的学生，您可以简单地给他的父母寄出一张明信片来表扬他们某项做得特别好的工作，或者你也可以写一封"非常特别"的信件。我发现通常情况下，预先在便条上印制"赞扬"的形式不太真诚，你最好还是使用自己手写或打印的、个性化的信件。而且为了提高写信的效率和让日常工作保持轻松，最好的办法就是保存一个这样的信函模板（或类似的副本），以便随时可以在计算机上打印信件。

> 日期
>
> 尊敬的_____
>
> 　　我只是想告诉您，因为_____，我今天的教学非常开心。
>
> 　　看到他/她努力地学习，以及他/她在课堂上的优秀表现，你应该为他/她的成就感到骄傲。
>
> 　　此致
>
> 　　史密斯先生
>
> 　　　　　　　　　　　　　　　　教师（学科）：

　　然后只需敲定部分内容，写对正确的性别，用有学校抬头的信纸把它打印出来就行了。你可以让学生把它带回家给家长，也可以寄到他们的家庭住址。你可以根据工作时间和当时的心情，在信件的模板添加一些个人风格。

4. 来自学生的赞誉："你太棒了"表格

　　"你太棒了！"表格是一种可爱的方式，可以让学生们习惯给予赞美并接受彼此的赞美。

　　小组成员可以围坐在一张桌子边，人手一份复印的"你太棒了"表格，它包括简单的提示"你是一个伟大的团队成员，因为……"通过填表这种方式，每个团队成员都轮流给其他的团队成员写下一条积极的评语，然后把纸折叠起来（可以起到保密的效果）传递给另一名学生。这样一来，每个学生都会收到来自三个或四个同学的鼓舞人心的评论，针对他的不同特质和突出技能。

"你太棒了"表格

团队成员的名字：

　　有一件我们都必须做的事，就是在与其他人合作是要对他们的努力表示感谢。请您在活动后，为您的团队的每个成员填写此表。

　　在上方框中写你的名字，并传到你的另外一名队友那儿。他们继续在空白处填写，然后再传到下一个队友那儿填写另一个空白处。最后你会得到完成了的表格，在上面大家对您对团队的贡献和努力都做出了积极评价。

　　你是一个伟大的团队成员，因为：_____

　　来自于：_____

　　你是一个伟大的团队成员，因为：_____

　　来自于：_____

　　你是一个伟大的团队成员，因为：_____

　　来自于：_____

　　你是一个伟大的团队成员，因为：_____

　　来自于：_____

　　我在湖区室外训练中心担任"青少年攻击行为"的活动指导员时，第一次接触到这个主意。该中心经理在为期两天的徒步探险结束之时，将这个表格介绍给了大家。看到这些年轻人写给对方的赞美的确非常让人感动。我觉得它之所以效果这么好，是因为青少年往往很难直接说出他们对别人的感受，所以他们更愿意选择匿名的方式写评论。打开心灵，坦诚地表达自己真的很佩服对方，文字的方式确实比口头的方式更容易让人接受。此外，每个学生在课程结束后带着这些写满溢美之词的纸张离开，今后对他

们来说也是一段美好的回忆。还有一点不得不承认,说出的话往往很快就被遗忘,而书面意见可以保持很长一段时间。

我从10年前第一次开始给老师们讲述"你太棒了"表格的魔力,迄今为止,我已经听过很多不平凡的故事。学生对他们所收到的意见都非常满意,很多人都把这些纸张珍藏了好几年了!

七种强化良好行为的方法

强化不只是给予口头表扬和鼓励。如果你能在认可学生的适当行为的时候有一些创意的话,它的作用就会更大。考虑到这一点,下面为你提供一些在特定的时刻可以采用的创意,每一个都可以保证在任何课堂中提高士气。

1. 胜利的舞蹈

教学生发明自己的个性化的10秒钟"胜利舞"。只要你想对某位学生提供特殊的赞美,就在教室的前面清出一片区域(或者,你有多余的预算安装一个领奖台),播放重低音领奖音乐,并让他们自己享受10秒钟的荣耀!

2. "喔"卡片

发给所有学生一张特殊的"喔"卡,一张厚纸或卡片写上"喔"。

每当学生在课堂上表现突出,或者是设法完成了之前困扰他们的难题时,你就大声喊出"喔"并让其他同学跟随你一起举起他们的"喔"卡片。

3. 无声喝彩

教会学生用无声喝彩,赞扬他们的同学或工作伙伴的出色工作和良好行为。通过肢体语言和动作,提供现场最具感染力的和最令人信服的奖励形式。这在考试期间或者附近教室里有老师在上课时特别有用,可以避免对于你的班级过于活跃有怨言。

4. "喔"的变形

与"喔"卡片稍有不同,每次当你说出"这值得'喔'"的时候,学生就用手指指向特定的那位学生,并挥动手指,异口同声喊出:"喔"

5. 获奖者是……

我们整个星期都在寻找认真工作、行为良好以及努力改进的学生。每次当你看到积极表现的时候,就把学生的姓名写在一张纸上,同时再加上一段非常简短的关于他们行为的介绍词,把它放进你办公桌上的一个罐子或容器里。一周结束时,从罐子抽出其中的几个名字并为他们颁发奖励(见下面"奇奇怪怪颁奖典礼")。

6. 奇奇怪怪颁奖典礼

举行"奇奇怪怪颁奖典礼"之前,首先需要创建一个"成就墙",用来展示学生完成的特别功课,这里需要做的是买一卷砖块图案的壁纸贴到墙上或者在展示板上划定一个区域。

接下来,你需要准备奖品和纪念品,可能是金唱片(老唱片都是用金漆来喷涂的,在标签上写上奖励内容或获奖称号)、大号的玫瑰花、用金光闪闪的纸包装着的巧克力奖牌和廉价的塑料奖杯等。

这些工作准备妥当后,你就可以在周末或某项工作宣告结束时举行奇奇怪怪颁奖典礼。奖杯和奖品应该以更夸张的方式颁发给学生,然后把他们取得的成果放在"成就墙"上展示一段时间。

7. 教工休息室的好评板

这是全校都可以采用的方法，建立积极的工作环境，培育所有教职员工与学生之间的积极关系。在一个大的环境中，学生个人的努力往往被忽视。这种策略保证了即使个别学生表现出最小进步，也可以通过各位员工的目光得到注意和承认。

首先，在教工休息室分配好"好评板"所需的墙体面积。

这个空间应该至少有5~10张A4纸那么大，确保任何教职员工一进入教工休息室就能一眼看到这个区域。

每个星期，提名登上好评榜的学生们在此均有一席之地。工作人员提名一个学生，并给他们提名理由。投票后，被选出的每个学生的照片会同一份关于他们为何被选中的简短说明，一起贴在好评榜上。

这个做法的好处是，每一位教职员工在一星期之内都会随时看到这个好评榜。当老师们无论是在操场上、课堂中，或在晚餐的队列里看到好评榜中的某一个学生的时候，他们都可以脱口而出，说出这个孩子的成就给大家留下了多么深刻的印象。

在一周里，学生将获得大量的积极鼓励，而且往往是他们需要的，与教职员工一起认可学生同样的一件成就或良好行为，可以起到非常好的巩固和强化作用。

嘿，汤姆，我听到你这一周数学学得非常好。干得好，孩子！继续努力吧！

不错啊，汤姆！消息灵通人士告诉我，你通过一整天的努力，每节课都认真上了。非常好，不是吗？这样你就不用每天放学之后还留在学校了。真的很棒！

奖励时要注意的问题

在学校最常用的激励策略通常包含某种形式的奖励程序。一般情况下，当学生们在一项工作中取得进步或者总分不断提高时，分数奖励和预先安排的奖品是最常用的奖励方式。

我已经推荐大家使用几套像这样的程序，它们都产生过非常积极的、神奇的效果，特别是在对学生的行为管理工作方面。遗憾的是，这些效果总是短暂的，因为对于很多学生来说，这些程序都只是辅助性的手段，并且随着时间的推移效果也在减弱。

无论多么复杂的或鲜艳的五角星，无论多么美妙的奖品，学生们难免会因这些"套路"或者是预先设定好的奖品而感到无聊或是失望。对于许多学生，奖励并不是一项长期适用的策略。奖励计划的一个主要问题，它无法兼顾那些没有能力或技能完成指定任务或满足学习目标的学生，是一种鼓励手段。

例如，如果你给一群孩子每人一张5美元纸币，只要求他们把黑板上的一些数字和字母抄下来，大部分人会在短时间内完成。但是，如果你用一道其中同样包含着刚才那串数字和字母的高等代数题来要他们做，同样提供5美元奖励，就会得到一个完全不同的结果。那些拥有解题技能的人会通过自己的努力克服困难，获得奖励，但对于那些对代数没有思路的学生，任何奖励都于事无补。如果他们看到其他学生用自己的方式在周末愉快地学习，获得一些额外的奖金，自己完全做不到，只会增加挫败感。

同样的道理，对于某个学生记得带了家庭作业这事儿是否需要奖励呢？如果他生活在一个相当混乱的家中，其他家庭成员对学校的看法都是负面的，并且他从来没有得到过最基本的时间管理技能，奖励作用不会太大。不会让他的家人支持他，也不会教会他自我管理能力，能让他挤出时间安静地做作业。

在课程中我经常许诺一些现金奖励，试图让学生们完成了一系列看似在家里不可能完成的任务。如果他们设法完成一系列问题，我们就对参与者不断增加现金奖励。但是如果他们做不到这一点，不管他们有多么想拿到奖金，也不管我把奖金增加到多少，都没有什么区别，他们无法完成任务，因为他们不具备必要的知识。因此你要明白：如果学生缺乏必要的技能，奖励永远无法正常生效。

另一个与奖励有关的问题是，它们可能会分散注意力。如果奖励成为学生的目标，学生对任务就会失去兴趣，也不可能因为完成了任务而获得成就感，并从中获益，任务本身已经对他们失去了吸引力。另外，当一个学生变得执迷于某种动机的时候，他们会完全依赖老师或者是能给他们奖励的人的看法和观点，因此他们的独立性就不会得到提高。

情况看起来不妙！奖励可能会扼杀独立性并引起争议，但最大的问题是它们短暂的影响力。如果奖励（或给予奖励的人）不复存在，被动学习就会卷土重来。最糟糕的是，这会给年轻人带来错误的引导，他们一心只做那些对他们来说有回报或者有物质奖励的工作："当然，我会做你所要求的工作，但是这对我有什么好处？你打算给我什么奖励？"

我们是否想要这样一个社会呢？当然不，所以我们需要从依赖奖励的体系中摆脱出来。我们的目标一定是要教给学生们行为规范，并鼓励学生做出恰当的行为，这样做是因为好的举止会带来好处，而不是为了物质奖励。

学生的努力应该得到承认和祝贺，奖励可以用于这一目的。但是，我们可以比仅仅依靠"贿赂"做得更好，而不是完全靠提前预支的承诺来驱动学生们完成一个可以达到的目标，这就像大多数学校的奖励体系的情况一样。让我们来看一个使用奖励进行驱动的更好方式，要发自内心地、不时给他们带去惊喜！

更有效的奖励方法

礼品或者礼物总是赏心悦目让人甘愿接受,如果在意外的情况下得到礼物,影响力会更大。基于这样的考虑,我曾经工作过的一所学校建立起了一套在实际运行中非常有效的奖励制度。与我工作过的很多专为行为有障碍的孩子设立的矫治中心及特殊学校不同,这所学校并没有正式的奖励制度,周末没有贴图的字条,或所谓"黄金时间"的分数统计,也没有规定了相应标准的奖励或奖品。相反,对那些展现出自己正在努力提高的学生,他们将分别获得意想不到的惊喜和令他们心满意足的奖励。

意外的奖励可能是进一趟城,到公园或体育中心,或者是看一场表演,帮助老师拆开快递包裹,或者是在食堂与一名学生教导员共进午餐,甚至帮校工搭把手做一些园艺活动……这一切都可以取决于学生的兴趣,而由教师来界定相应的奖励标准。

这样做所产生的影响是相当惊人的,学生没有期待,他发现只要付出的努力就可以得到回报。这样的开场白提供了一个机会,让老师说"你看,当你努力学习,会发生什么……"这时候,当别的学生看到汤姆走出教室去享受他的奖励时,对他们的影响是无比深远的。这样的单独奖励,其最大的效用是帮助学生从中有所感悟,这也就是为什么了解学生并发现他们的兴趣和爱好是如此重要。

下面列举了一些个性化的奖励方式,可以调整至适应任何个别学生的兴趣,其中一些比较适合年幼的孩子。

课堂特权

下面列出的个性化奖励,比起那些昂贵的实物奖励来说简直微不足道。在一些学校的奖励体系中所提供的奖品还会包括文具、购物优惠券等,只要时机恰当、方法适宜、使用明智,它们同样可以对学生产生积极而深远的影响。

- 使用老师的办公桌。
- 允许在校使用电脑一段时间。
- 在午餐的时候排在队伍的第一个（甚至还可以提名一个朋友）。
- 教室里的工作，如照顾动物，分管材料，浇灌植物，点名登记，管理黑板等。
- 与教师（或班主任）共进午餐。
- 使用特定的材料或设备，比如特殊的笔、纸、计算机程序等。
- 带领来访者在学校各处参观。
- 在教室里帮助那些年龄较小或能力较差的孩子。
- 帮助书记。
- 帮助图书管理员。
- 邀请另一个班级的朋友到本班教室吃午饭。
- 晚上带一个班上的游戏设备回家。
- 可以得到一个教师办公桌上最喜爱的毛绒玩具或者班级吉祥物。
- 使用沙发或豆袋椅。
- 担任游戏的领导者。
- 设计并进行一次展示活动。
- 整理"一堆好玩"的东西。

特别奖励

老师们总是习惯在课堂上用奖状奖励学生，但为什么仅限于此呢？奖杯会更为吸引人，就算它仅仅是一个脆弱的、塑料的"玩具奥斯卡"，不一定要求学生带回家，它们只是一种认可的形式和仪式的道具而已。一个非常简单幽默令人惊喜的颁奖典礼，可以自然而然地用在课堂上，强调和表彰学生在任何方面的进步，例如：

● 今天的独立学习者奖是_____（建议玩具奖杯：塑料玩具工人）。

● 本周最早完成作业者奖是_____（建议玩具奖杯：塑料玩具手表）。

● 今天进步最大的学生是_____（建议玩具奖杯：花环或证书）。

● 本周整理教室卫生的笤帚夫人奖是_____（建议玩具奖杯：掸子或板刷）。

● 今天让每个人都保持积极心态的激励先生奖是_____（建议玩具奖杯：啦啦队的波姆波姆或鸣笛）。

与作业相关的奖励

让他们向低年级的班级展示工作成就，作为学业出色的榜样，这些学生将在学校里受到仰慕，激励他们更加努力地取得优异的成绩。

● 邀请校领导观摩学生的功课（或让学生带着他们的作业到校领导办公室）。

● 在名望墙上留出一块特殊的地方，展示每个星期完成得最出色的功课，或在学校大门附近的一个专门的布告栏里预留一块特殊的展示板。

● 安排当地的报纸或免费的出版商来评选学生的"优秀作业"，允许他们把学生的作业展示出来。

● 编辑班级和学校的新闻通讯，评出每周和每月的优秀作业并结集。

● 把优秀作业带回家请家长观看，或邀请家长来学校观赏。

● 建立了一个网站或博客来展示出色的作业。

旅行和游览

● 进行一次野炊。

● 陪同老师游览并"提醒"他（她）进行一次特殊的购物——供家庭或学校使用。

- 到博物馆、图书馆参观，或观看与学生的兴趣爱好相关的展览。
- 参观学生感兴趣且与学业有关的场馆（如足球场、自行车商店、电影院）。
- 公园、游泳池、体育中心、溜冰场等。
- 帮助某个教职员工的一份差事。
- 到医院、护理院、宠物家庭等参观，并做志愿工作。
- 参与当地环境"清理"项目。

金票

这是一个非常特殊的个性化奖励。"金票"营造出不安、神秘、兴奋和期待的氛围，会让学生忍不住窃窃私语，微笑浮现在他们的脸上，这种愉悦的心情会一直延续到课堂，连你这个他们最喜爱的老师都能体会。

金票对你的学生来说，代表着一种与众不同和令人愉悦的体验，获得胜利带来的自豪感会使他们觉得自己无比幸运，持票人可以无条件地享受这些事情：提前午餐，无作业日，或者从事自己喜爱的活动5分钟（如操作计算机、绘画、玩游戏、吃零食、喝茶、看电影等）。

百万英镑特别行为支票

这是另外的一个很新奇的奖励，当你的学生做了一些很特别的事情时，你可以给予他们。

当你的学生在行为方面取得令你大吃一惊的变化时，面值百万英镑（美元和欧元也可）的行为支票也许是你愿意不断发出的一种棒呆了的奖励。当然，和任何奖励一样，它的新鲜感会随着时间的推移而逐渐消散。但你可能会发现，至少在一段时间内，这一张张小纸片还是会被证明非常受学生欢迎，它们可以为你的课堂带来一种渴望进步的热烈氛围！

第二部分

高效课堂管理的步骤与计划

第七章

改善课堂纪律从教室门口开始

如何在教室门口就让学生安静下来

我相信，良好的课堂管理开始于教室之外。如果一群嘈杂而失控的年轻人进入你的教室，前呼后拥、你推我搡、鸡飞狗跳地乱作一团，那么你将花费大量的时间让他们安静，然后才有可能让他们进入准备学习的状态。更重要的是，从心理学的角度来看，当他们在进入你的教学空间时感觉到自己具有控制权，这对你是很不利的。一旦建立这种不平衡的状态，你就很难重新获得教室的控制权，而这正是那些在困境中挣扎的教师所面临的共同问题，学生将完全忽略这个老师，认为他根本无法管理他们。

因此，对付真正麻烦的群体并取得成功的一个重要步骤，就是要在教室门口就采取控制措施，而在这个问题上，你所采取的方式至关重要。在我从教之初曾经教过一个班级，它让我几近崩溃，尽管使尽浑身解数却仍然感到无能为力。在教室里，如果他们没有按照我的要求去做，我就朝他们大声喊叫；如果他们还是不听我的要求，我就只能不断提高音量。最后，我已经到了声嘶力竭的地步，而那群孩子却跟没事儿人似的漠然地看着我。

所以，你不能仅仅通过这样的发号施令来取得控制权，然后还奢望他们会像训练有素的军人那样立正站好。而在他们面前大喊大叫，只会给学生更多的理由来怨恨你。它给那些喜爱争论的学生回击你的理由，它让你在对抗中处于不利的地位，传递出你已经失去了教室控制权的信息，同时，它也会使你的血压在激动亢奋中飙升。

没有谁能够从你的大喊大叫中得到好处。你对年轻人使用的任何一种攻击性的方式（甚至皱眉也可能被部分学生视为充满敌意的行为），都将会在他们走进教室前就营造了一个"他们与我们"的对抗氛围。在这种消极情形发生时，几乎毫无疑问，上课将成为一场战斗。

所以，一个爱制造麻烦的团体需要一点点地逐渐安静下来。通过在门口营造一个平和而温馨的氛围，可以为接下来的课程定下平稳运行的基调。然后，一旦处在放松的状态下，他们会更愿意倾听，而你也可以有更好的机会，告诉他们怎样做才能比他们目前做得更出色。

这里有两个步骤可以让学生们在教室门口逐渐平静下来。

怎样的语气更有效

在最为反常的教室里，老师的目光总是集中在学生犯的错误上，这很容易让他们不断地抱怨学生，怨恨他们的行为和我们想要的完全不一样，进而滑入不断责备或指责他们犯错的恶性循环中。但是，这就会造成一种对学生的行为产生不利影响的气氛，实际上反而会使事情变得更糟。

如果你希望学生们积极地回应你，那就要反其道而行之。专注于学生做对的那些事，感谢那些按照你要求做事的学生，然后冷静地提醒别人按同样的方式行事。通过强化和巩固你希望的行为，你会很快营造积极而热烈的气氛，在这里，大多数学生都自然而然地为课程的开始做好准备，而不是一种压抑、愤怒的氛围，那样会使每个人都神经紧张。

以下这个例子中的行为是我们要极力避免的：

康纳！停止说话并给我靠墙站好，现在！利亚姆！你为什么总是迟到？闭嘴！吉利！你们两个现在给我过来！

怎么做?

谢谢你汤姆,你可以安静地站一会儿。而你,特尔,我也同样谢谢你。利亚姆,谢谢你已经安静下来了。谢谢康纳。现在大家都很好,很安静——谢谢各位女生,谢谢你们那边也已经做好准备了。现在还有几个人在说话和做小动作,如果大家都可以不说话静静地站好,那么我们马上可以进入教室。谢谢韦恩,很高兴见到你做好了上课的准备,现在我们只是还在等待很少的几个人了。只要每个人都安静下来,我们马上就进入教室。

还要注意,在这个例子中,我们不要点出那些尚未安静下来的学生的名字。一定不要对个人进行指责,因为你在点名批评或羞辱某个学生的时候,你就已经把自己置于争端之中了。与此相反,我们可以提出一般性的观察意见("还有几个人在说话和做小动作"以及"现在我们只是还在等待很少的几个人了"),或者给予温柔的正面提醒("只要每个人都安静下来,我们马上就进入教室")。

事半功倍的表达方式

在第一章,我提到的"分而治之"的思想对管理活泼叛逆的群体很有作用。如果你试图在教室门口跟一群嘈杂的学生说话或引起他们的注意是非常困难的,而如果你不去管他们,你会直接丧失威严,最好的方法是把重点放在爱说话的小团体和个别学生身上。

那些可以在教室之外——在排队等校车的队伍中,在午餐时间,在校园里,在外走廊上——与学生轻松自如随意聊天的老师,往往能从学生那里赢得更多的尊重,学生也愿意在课堂上更积极地响应他们。花费短短几分钟的时间,在走廊上和你的学生进行交流和沟通,可以帮助你在确定本节课的正确基调上迈出一大步,并且真正帮助学生做好准备。重要的是,这会让他们感受到你在他们出现的时候既是轻松愉悦的,也是拥有绝对控制权的。胆怯的老师会避免与学生打成一片,从而给学生明确传递出这样的信息，基本上他们看到学生就会紧张而窘迫。

能够真正融入学生群体之中以及让某个学生对你敞开心扉是很困难的，特别是当你们之间的关系还不够成熟的时候。但有一件事我要建议你：务必掌握建立积极关系的工具（在第五章我们谈到过）。这让我想到了我的第一个教学导师的建议：努力进入到"孩子的文化"中。观看他们喜爱的电影和电视节目，听他们爱听的音乐，并对主宰他们的世界的其他所有事情显示出兴趣。这样，您就可以投入到或者是发起各种有效的和激动人心的对话主题，就像那些热播的电视节目一样。

与学生在门口花上一两分钟交谈的另一个好处是，你能提前发现那些滋事者和可能会遇到的问题。刚刚在操场或走廊上争吵过，把所到之处搞得乱七八糟，那些多动的、烦心的、爱恶作剧的学生极有可能在课堂上继续这些行为，除非你事先对他们采取了预防措施。只要我们肯多关注，那些潜在的问题是很容易被发现的。那些不愿意脱去外套或者摘掉围巾的学生，那些挤在一起窃窃私语的小团体，那些对我们指指点点咯咯地笑着的学生，还有那些在使用手机和携带玩具手榴弹的学生，都值得我们关注。

我不需要告诉你应该寻找些什么，关键是你要保持警惕，你必须准备应对任何消极的学生，在教室门口就做出回应。例如，如果汤姆是一个快乐王子，而这一次他在上课前失去了招牌式的笑容，并没有对你的问候予以反应，那你就该知道肯定发生了一些反常的事情。于是在他进教室前，你可以花一点时间，言辞谨慎地和他一起寻找困扰他的问题。

这种方法的主旨是防患于未然，意在尽早地发现和处理问题，避免升级。正如我们已经讨论过的：当你和学生在一对一的情况下就一个敏感问题展开谈话时，至关重要的是你得采用安静平和的语调，以免其他学生听到你们谈话。

如果你正在教室门口准备与一个看上去有点不安或者激动的学生谈话，这里有些建议可能会帮到你：

老师：汤姆，你今天看起来有点激动，这是怎么回事？

汤姆：没什么。

老师：那太好了。我只是有点担心，因为我不希望你越来越激动。听着，我知道你有时很难在上课的时候控制自己的情绪，所以在上课的时候我可能会这样做：我会对你多加关注，如果我看到你开始变得太活泼，我会走过来悄悄地提示你。采用这种方式，我就不需要当着大家的面告诉你不该做什么了，这只限于我们两人之间，这种"前期预警系统"可能会帮你走出困境，不是吗？现在你还有什么要告诉我的吗？

或者是：

老师：那太好了。我只是有点担心，因为我不希望你越来越激动。听着，我知道你有时很难在上课的时候控制自己的情绪，所以在上课的时候你可以这样做：任何时候你觉得自己越来越烦躁或沮丧，只要把你书桌角落的这张蓝色卡片举起来在空中挥舞一下，让我看到就可以了。这样，我就可以在失去掌控之前过来帮助你，而不会让其他任何的同学知道，这样行不行？

当你发现了潜在的问题，请务必在学生进入教室之前就解决，因为如果他们进入教室后还有悬而未决的担忧，那么几乎可以肯定将会导致秩序问题并扰乱正常的课堂流程。很显然，有些问题比其他的一些问题更难以解决，因此，下面提供一些有用的备用措施，专门针对那些无法在现场解决的问题。

汤姆，我能明白为什么你对那件事情如此焦虑。现在我还帮不上你什么忙，因为我们还得上一节课。但是我很高兴你让我事先知道了它。我会帮你处理这个问题，但必须是在下课之后了。暂时把它放到脑后，好好上课，稍后我们再来一齐想办法。

小贴士

在门口让学生们安静下来，永远不应该成为一种游戏，那样学生就会牵着你的鼻子走，原因就是你对他们太过"仁慈"。正如你所知，一个制造麻烦的群体可以把老师使得团团转，最终失去控制权。所以，如果和学生混在一块聊天的时间持续得太久，你自己就会受到伤害，这个群体将变得越来越热闹和难以控制。为了防止这种情况发生，你花费在教室外的时间最好控制在1~2分钟，然后你就可以像漏斗一样"放"学生进入教室了。

现在，班级已经排好队，平静下来并准备进入课堂。因此，我们需要进入下一个阶段，来讨论他们应该如何在教室里就座。

第八章

座位计划

当你面对一个存在行为问题的班级时,一份经过深思熟虑的恰当的座位计划是不可或缺的工具。我依然记得在我职业生涯的早期,那些成天和我讨价还价要换座位的"问题学生"。每一次,当我在上课开始之前刚刚确定了新的座次表,他们就开始抱怨并与我争论为什么他们不能和自己的朋友坐在一起。如果我不按照他们的要求调整座次表的话,他们就会没完没了地纠缠你。和很多老师一样,我也不想面对这样的冲突和矛盾,所以在我的工作早期的课堂上,座次表形同虚设,我的课堂也总是陷于混乱。

如何处理有关座位安排的不满

但是最终,通过我的坚持以及强行地实施我的座位计划,不去理会那些"但是我不喜欢这样,所以……"以及"我不想和他/她坐在一起"之类的抱怨和哭喊,我反而很快地发现他们的行为取得了很大的进步。不出几天,我的班级就会安定下来。学生们习惯了新的座位,更重要的是,他们开始明白我才是那个教室中起主导作用的人。

课堂是你的"地盘",你得自己做主,包括安排座位。当你刚开始介绍一个新的座位计划时,很可能会引发一片哗然。有些人会很生气,有些人会趁你不备溜回原来的座位,有些人则会公然大摇大摆地回到原来的位子,而有些人根本拒绝挪动座位,而且几乎所有的人都会以这样或那样的方式表达不满。但你要坚持不为所动,断然拒绝接受任何请求或抗辩,因为屈从于一个学生破坏了规则会摧毁所有管理计划,并让教室岌岌可危。挺过这场风暴,你就会发现在狂暴的另一面有一片安静(甚至更安详)的海洋。

我希望你在事先就对控制那些"吵闹班级"有所准备,明确其中主要的准备环节包括:设想可能会出现的课堂问题,准备好应对措施,并进入"战备"状态。调换座位带来的反应是无法回避的,学生难免会抱怨新的座次表。所以,你可以采用如下方法来应对。

一开始的时候就要告诉学生们:我们都喜欢和自己的朋友坐在一块儿,但我希望你们能够执行我的计划。让我们尝试这样做:写下在这个班里你觉得可以对你有所帮助的两个人的名字:可以是你觉得和他坐在一起不会让你分心,也可以是在你遇到困难时能帮助你的人。然后,我将编制座位计划,确保在可能的情况下,你至少可以坐在这两个人中的一个旁边。

让学生把这些名字写在纸上,顶部则写上自己的名字。在安排座位时,提供一些有限的选择会比没有任何选择余地更容易让他们接受。

下一步,这一步可以有选择的余地。找一份可以显示这学期还剩多少节课的校历,告诉学生们只要他们能安静地学习并相互尊重,你会在几节课之后调整座位计划。这样一来,只要他们的行为得当,就会有机会开心地和自己的朋友坐在一起上后面的课。

促进合作式学习的座位安排方案

有些老师提倡把男生和女生的座位编排在一起,如果教室安置的是那种大桌子,让他们面对面地就坐,因为他们觉得这样安排座位可以减少交流以及破坏课堂秩序的机会。就个人而言,我不喜欢这种类型的座位安排,我认为学生们也不喜欢。如果你们试着这样做可能会引发更多新矛盾。如果你想要一个成熟的、现实的、长期来看能持续增效的方式，那就应该引导学生进行积极的同伴交往，促进社会技能的发展，减少无序性，你可以尝试用大桌子的形式来安排学生的座位。

具体来说，你的目标应该是把一群学生按照我们称之为"合作学习小组"的形式进行分组。一般来说，合作学习小组由4名学生组成，包括一个学习优秀的，一个学习较差的和两个中等水平的，尽可能在小组内有男生和女生。

按照合作学习小组编排学生座位具有四个关键优势：

1. 促进同伴间关系的发展

通过学生们之间的相互帮助最后达成学习目标或者其他共同的目标，可以让他们建立牢固的关系。伴随着社会意识的增长，学生之间的争执和分歧会大大减少。它的效果出人意料：眼看着那些曾经让你头疼的学生逐渐成长，并且也可以伸出援手帮助小组中的其他成员，那种感觉真是非常奇妙！

2. 成绩差的学生可以获得信心和动力

由于与成绩好的学生之间的互相帮助，成绩差的学生可以参与到各种活动中，而不用担心他们缺乏必须的技能和理解能力。通过更积极地融入课堂活动中（不再总想着"溜号"或者是感到无聊或沮丧），他们不再轻易破坏课堂秩序。那些能力强的学生也通过指导和帮助小组成员而受益，他们对知识的理解更深入了。

3. 节约了老师的时间

一旦学生习惯了这种合作学习的架构，他们就可以有效地自学和互相帮助。教师就可以从不断的帮助和关注中解脱出来，从而可以在学生有需求时提供更高质量的帮助，而不是把知识强行灌输给他们。

4. 自然而然地培育社会技能

在团队工作期间，自我表达、决策、责任、义务、分享、倾听和冲突管理都会得到自然而然的实践，并在每一次合作过程中得到不断的发展。这样的连锁反应，可以使因为缺失这些社会技能而导致行为问题发生的可能性大大减少。

快速组建合作式学习小组的方法

组建合作学习小组显然不是让学生们按字母顺序排列成一排那么简单。下面这个简单的方法还是很有用的，你只需要一份根据能力水平排序或者加上某些特别注释的班级名单。

为了使这一过程尽可能简便，我们的能力排序只有低、中、高三大类。可以使用计算机电子表格统计学生，建立班级学生数据库，不过这样做也不见得真的有必要。可以用纸，甚至是下班后在快餐厅吃饭时随手可得的纸餐垫的背面完成。

接下来，你开始借助班级的能力等级名单，用彩色便笺纸写下学生姓名（一张便签写一个学生的姓名）。中等能力的学生可以分为两组，所以你一共有四组学生。能力强的一组用一种颜色的便笺，差的则用另一种颜色，剩下两个中等的组，可以写在同一颜色的便笺上。

现在开始分组。你可以从四组不同颜色的便签中各随机抽取一名学生，把它们放在一起组成一个小组，并汇总到一张班级大表上（可以是一张大纸或卡片）。感谢不干胶便笺可以反复使用的特性，每个人的标签都可以很轻松地从这组移动到那组，直到获得最满意的分组方案，最后完成的分组名单可以张贴在教室显眼的位置展示给全班同学。

请记住，有些学生就是喜欢缠在教师身边，想方设法改变便笺的排列以造成混乱。为防止这样的事情，你可以在展示板外覆盖上透明的有机玻璃板材，或者采用呵斥他们的传统方法。

关于性别的说明：分组不能确保在各个小组中男生与女生比例均等，但要尽可能避免小组中出现一个男孩、三个女孩的情况（反之亦然）。这种分组通常导致特立独行的那个孩子被孤立，最好的方式是在尽可能多的小组中安排两个男生和两个女生，而剩下的如果不好安排，就可以考虑编组时都是同一个性别的方式。

第九章

针对不同学生特点的分层式管理

好了,看看一开始就被我们拦在教室外面的那些学生吧。如何处理这些以不恰当的行为回应你的学生?现在,让我们假设大部分的学生都服从你的指令并安定下来,下一步就是让他们进入教室。

以下将用到我们称之为"过滤器"的方法,它可以较好地解决学生进入教室的问题。具体要求是这样的:

使用过滤器法则让学生立刻服从指令

1. 发出排队的指令

课前最后几分钟里,你已经通过一些非对抗性的提醒和一般的闲聊,温柔平和地让学生们安静下来。现在,你需要让学生从他们的"游戏时间"转移到"工作时间"上来。要做到这一点,你可以通过改变站立的位置(如从学生扎堆的地方脱身,走到走廊的另一侧),以及改变你的语气(包括音调和音量)来实现。

现在,是时候发出一个冷静、清晰、正式的排队指令了:

好,现在让我们开始!你们现在需要在(插入学生的名字)的背后排队,注意了,眼睛看着我这边,不要说话!

你也可以加一个时间限制来让指令更明确：

好吧，在我数到0为止时，大家必须站成一条直线，正对着大门，你们的左肩膀可以轻轻靠在墙边。开始！5—4—3—2—1—0！

2. 只对那些执行了指令的学生发出下一条指令

正如我们已经讨论过的，处理小群体要比处理大团体要容易得多，所以在这一步你可以将学生分成"听话者"和"不听话者"两种类型。区分的标准在于：听话者显然有接受能力，因此更容易听从你的下一条指令：

好的，你们可以来到队列的前面，你们已经做到了我的要求，谢谢！我要单独告诉你们下一步该做什么。

然后发出非常明确的指示，告诉他们下一步该做什么。就像这样：

你们进入教室之后坐到指定的位子上。

你可以把座次表张贴在墙壁上，或者在桌子上放好每个人的标签，也可以在他们走进教室的时候，递给他们一张写着椅子编号的卡片，然后，只需要让他们坐到你指定的位置就可以了。

在黑板上写着课程开始前的热身活动，你们要在安静的状态下完成它。你们已经证明自己可以按照指令完成任务，所以我相信你们可以在教室里保持足够的自制。如果有人开始讲话或捣乱，我会带你离开教室。明白吗？好的，开始行动！谢谢你们都表现得那么成熟！

3. 让他们走进教室

让第一组学生迅速进入教室，但要准备好把那些跑向自己座位的人重新带出去，或者是那些推搡另一名学生的或者借机开始喊叫的，等等。任何像这样表现的学生就是没有遵从你的指令，因此得直接告诉他们先退到教室外。同时，对那些表现得当的学生要有明确的认可。

汤姆，请回来站到教室外边去。目前，我只让那些不推搡、不瞎跑、不叫喊的学生进入教室,坐到自己的座位上。其余的同学都做得不错。谢谢你们按我的要求做!

经过这一过程后,教室外剩下的就是那些没有听从你的排队指令,或者是进了教室不听指令的学生。

4. 重复排队指令

下一步,对那些还在走廊和你站在一起的学生再次发出排队指令。

你会发现现在准备好排队进入教室的学生比刚才多了一些,部分原因是因为他们看到已经有一批学生进入教室了,部分原因则是他们中的一些人确实需要一点额外的时间来理解你的指令。那么对于这批新的听话者,你现在只需要重复步骤2和3就可以了。

5. 引起教室里的学生的注意

现在,你把剩下为数不多(已经胜利在望了)的、显然还没有准备好进入教室的学生留在走廊里,无须给予更多的指令。这意味着你已经非常有效地"过滤掉"最具潜力的"麻烦制造者",而不是任由他们畅通无阻地进入教室,进而对你的整节课造成巨大的压力。

对于留下的那些学生,现在你显然需要更多地关注他们。有些人可能需要安抚(例如那些经常觉得功课太困难,或者在小组其他成员面前总是紧张不安的),而其他的人则需要你平静地提醒他们教室规则和违反规则的后果。

稍后我们会再来关心这些学生。首先,让我们确保你刚刚允许走进教室的学生们,已经完全投入学习了,这样才能便于你开始上课之初的热身活动。

一个安静的热身活动是学生们可以独立完成的简单任务,通常是无须提出问题,也无须额外的帮助或协助就能够轻松完成的任务。显然,如果你给他们的热身活动索然无味、缺乏吸引力、令人失望或望而生畏，那么孩子们要么会设法逃避，要么需要你更多的帮助。无论出现哪一种情况，都会占用你的精力或分散你的注意力。所以，你要给他们提供一些相对简单的又能激发兴趣的任务。

现在我要特别提醒你需要考虑一件事：学习用具。关于这一点的必要性，源于很大比例的学生都很难带齐所有学习用具。如果不事先做好准备，那么这一次你可能又会将自己置于另一个既耗费时间又具有破坏性的困难之中。在上课前应该尽可能多地设想可能出现的问题并采取预防措施。所以，请你记住：花点时间，在讲台上多准备几支钢笔、铅笔，或者其他文具吧（如果你还需要更多的策略来应对经常忘记带文具的那些学生的日常行为，请参阅210-214页）。

现在，那些已经在教室里就座的学生已经证明他们能够听从你的指挥，并且已经表明他们是值得信任的。因此，只要你为他们安排了恰当的热身活动，并且敞开教室门保证你可以随时探身进来，那么你应该还有几分钟时间来处理门口的散兵游勇。

6. 让还在走廊里的学生回到教室

这是"智斗"的开始，那些留在走廊里的学生是对你的指令充耳不闻的人，所以在这个阶段你可能会忍不住发脾气。

你当然应该在这个阶段铁面无私，但喊叫和威胁显然不是最好的办法。对待那些最具挑战性的学生，你要像对待自己的孩子一般（正如别人希望和期待的那样），这样你的言行就不会过分，如果你没有孩子，你也可以想象一个你爱的人作为替代，或者你的宠物猫。

与前面例子相反，对于在门口没有对你的指令做出恰当回应的学生，你可以这样说：

汤姆，虽然今天我很想让你进来上课，但我现在还不能允许你进入教室，

除非你能用行动让我知道你愿意倾听，并能按照我的指令完成任务。

学校的规定告诉我，我必须在课堂上拥有完全的控制力。所以，如果我不能信任你，我就不能让你进去。

你现在只能待在外面的走廊，直到你真的准备好遵照我的指令、完全按要求做。实际上在做到这一点之前，你的行为是失控的。所以，我让你进入教室是违反学校规定的。现在，我想让你知道，你并不是被关禁闭或遇到了什么麻烦——我只需要知道你会不会按照我的要求去做，所以我要把你留在在这里，思考几分钟。

我过三四分钟之后就回来，再次检查你。如果你已经准备好按照我的指示做事，你也可以直接进来。我很快会回来看你是如何决定的，在此之前，请待在这里。

最后一段话成功的概率几乎完全依赖于你所采用的语气和方法，如果这话听起来好像是你故意要给汤姆的生活增加麻烦，那么它不会发挥作用，最好的情况，也就是你会得到因时间所迫而心不甘情不愿的顺从；而最坏的情况，如果他被你长时间拒之门外，那他可能会溜出走廊、擅离学校。出于这个原因，你在发出这样的最后通牒时，要尽量使用平静、理解的语调。

通常情况下，如果你设法在检查时控制好你的情绪，那么可以预见到的两个反应之一是：汤姆要么保证会按照你的要求行事，并请求你让他和其他人一起进入教室（这是因为在学校的走廊里，经常有高级工作人员定期巡视并四处寻找那些被逐出课堂的学生）；或者更通常情况下，他也许会无所谓地耸耸肩，并告诉你他宁愿待在走廊里。

两种情况的答案都是一样的，你让他在走廊独自思考三四分钟。在你给予他更多的关注之前不要纠缠于与他的争论。任何情况下，都不要在这一点上让步。经过这几分钟重要的"思考时间"后，你才可以让他有机会进入教室里，当然他得符合你的条件。

老师：好，汤姆，你准备好进来了吗？

汤姆：我想是这样的。

老师：这还不够，汤姆。我说过需要你百分之百地遵照我的指示，所以我再问你一次。你准备好进入教室，并按照指令上课了吗？

汤姆：是的，老师。

老师：太棒了！我真的很高兴（记住：要微笑）。好吧，我已经在教室前面为你准备好了一张桌子，如果你能让自己安静地在那里上课而不会造成任何问题，或者10分钟内不说话，我就会让你搬回平时的座位与你的朋友坐在一起。如果你继续捣乱，那就一直坐在前面的书桌边吧！很公平吧？

汤姆：（没有回答）

老师：很公平吧，汤姆？

汤姆：是的，先生。

老师：好的！让我们开始吧！

如果汤姆仍然拒绝在这个阶段进入教室，你可以再多给他一些"思考时间"（这很重要，如果他特别纠结的话）。在课堂上为他放上一张独立的书桌，或者如果你觉得他是故意找碴，可以参看后果处理措施（请参见第四章后果）中逐级升级后果措施。

如果在门口需要处理的学生不止一个，你需要将他们视为一组来加以解决，分别评估他们是否有足够的回应，判断是否允许他们进入教室。显然，这是将不符合要求的学生尽快分开的好主意。关于把他们放在哪里，你有多个选项可以选择。如果必要的话，可以留一个孩子在走廊里，就像我们在上面的例子中对汤姆所做的那样。在你的教室里准备几套单独的书桌（最好在你的讲台前面或附近），可以容纳两三个或者更多的学生。对于那些被证明是更难于管教、更难以安顿的学生，你还拥有一项"临时搁置"的选择权，或者是把他们送到一个单独隔离房间中（视学校政策而定）。

这个给予最后的几名学生格外关注的过程最多不能超过几分钟，因为你还有一屋子需要管理的学生,所以你显然不能在这几个学生身上花费太长的时间。

第十章

开始上课

此时班级已经安静下来,你已经让学生们就坐。如果这是一个非常活泼的班级,他们被你上课前的热身活动吸引,现在我们可以准备开讲了。任何课程的头5分钟,教师通常讲述本节课的学习大纲,因此开始一堂课的方式很重要。

在此我们要介绍四种不同的开始方法:正式开场法、固定的开始方法、有趣的开头以及吸引人的问题开头法。

正式开场法

正式开场通常从教师管理职责开始,例如点名、讲解之前做好铺垫、举出范例或介绍本课的学习任务等。开始教学活动的一个不错的办法,是以点名的方式让班级安静下来并做好准备,但是只有当老师有足够的威慑力控制整个课堂时,才能起作用;如若不然,它可能会迅速演变成嘈杂的噪音,充斥着各种冒名顶替和浑水摸鱼,从而给课堂开端制造了一个恶劣的先例,这样的状况无疑会给今后的课堂埋下难以克服的隐患。

和一个"问题班级"相处时,如果你对自己维持课堂秩序的能力有所怀疑,我建议你采取非正式的点名程序,只要在学生们安静地投入到那些准备阶段的热身活动中时检查一下学生的姓名就可以了。

正式开始的对象具有一定可塑性且明白事理的学生群体，他们相当重视老师发出的指令。如果你面对的是一个麻烦不断问题多多的班级，就会发现学生点名时几乎不会正常地回应你。那么，下面谈到的"有准备的开始"就可以帮助你更好地控制课堂。如果它与第九章阐述的"过滤器法则"配合使用，效果更佳。

固定的开始方法

一般而言，"固定的开始方法"包括让学生尽快就座并投入到热身活动中，这样做的目的是通过课前的热身活动将那些活跃群体的过剩精力分散掉一些，并让他们进入到一种更愿意倾听、接受和学习的状态中。

核心是进入上课模式的热身活动（下文提供了一些相关建议）。我喜欢把这些活动称为"额外的一双手"，因为你在让它们运转起来的过程中，不需要更多的投入或支持。相反，当你要处理班级的管理事务，或者需要特别关注个别学生的时候，它们可以为你赢得宝贵的时间。

对于某些群体，特别是那些需要从一致性中受益的群体，这种开头方法应该成为每节课开始的固定程序。**通过这种方式，学生们明确地知道：当他们走进教室时应该怎么做**。把书包放好之后，他们就可以选择在黑板上罗列的活动清单中的一项，收集必要的材料并完成它。我通常会放一些轻松舒缓的乐曲作为背景音乐，以便他们到达教室时就能感受到平静而温馨的氛围。

当我在"问题班级"使用这种开始方式时，我注意到，他们对课程的态度有了巨大的转变。那些在校外行为混乱和疯狂行为的学生，看上去也很享受这种安静的时刻，仅仅是用来放松和做好准备，过去他们很少有机会这样做。在开始讲授课程内容的重点之前，"固定的开始方法"也给了我更多时间，与那些需要特别关注的学生一起交流分享。

用于"固定的开头方法"的活动类型是很重要的。你需要准备具有足够的挑战性和吸引力的活动,这些活动不会导致混乱,也无须向你提问求助。记住,你要在这宝贵的几分钟里用它作为"额外的一双手",所以它的内容应该很容易被学生理解,而从老师那儿输入的信息尽量少。选择一些简单明了的、无须多余解释的,或几乎很少引起混乱的内容。如果需要,每一项活动都应该包括如何遵循步骤来操作的书面说明(例如,第1步:执行此操作……第2步:执行此操作……),以及时间限制或目标。

规定时间或目标具有双重目的:它增加了一项简单活动的分量,否则学生可能不会把它当回事;它也意味着你可以按照不同的能力水平划分同一项活动:可以给一个有能力的学生制定更高的目标(例如"你有5分钟做……""你必须回答关于……的5个问题"),而给那些能力稍弱或者迟到的学生制定较低级别的目标。

一些学生能很好地回应带有选项的活动,"选项"有强大的动力。所以,你可以尝试准备几个抽屉、盒子或者托盘,放上事先准备好的写有热身活动的纸条,让学生从中选择他们喜爱的活动。当然,这也可能导致混乱,比如说汤姆刚刚选择了一个活动,然后又发现自己并不喜欢它,那么在接下来的10分钟,汤姆就会不停地翻看其他活动选择,而不是认真完成自己的任务。这种情况下,选择会变成了一个现成的回避策略。我在不同的群体中都采用过提供选择这种方法,它会对一些学生有效,而对另一些人不起作用,所以,是否采用这个方法由你自己决定。

如果你的准备式活动是从黑板上或书本上抄写笔记,要确保没有大量的文字工作,否则就会招来抱怨,有的同学看到大块的文字就会恐惧。如果活动是抄写5行到10行的课文,你可以"隐藏"额外的工作,在结尾处注释,"现在回答46页上的问题2"刚才写的内容可能就有答案。

> **小贴士**
>
> 当你发布任何准备式导入的热身活动时，加入这样的句子作为书面指令或口头指令："你有＿＿＿＿分钟完成任务。如果未在此时间内完成，你只能在课间或者放学后继续完成。"

如果某个学生没有完成热身活动，他们必须用额外的时间继续完成，课间休息时间或者放学的时候再接着做。这一点需要每次都坚持，而且对任何一次活动以及任何一个"捣蛋鬼"都如此。因为他们需要清楚地知道如果自己不能在规定的时间完成，就要面对后果。

就算学生不得不把作业带回家继续做，他也必须得完成！如果你不坚持，对你来说，后果就是他们会认为这个活动纯粹是在走过场，以后更不太可能开展类似的活动（或任何与此有关的活动）的时候投入时间和精力。考虑到这一点，就不要让你的活动难度太大，否则将适得其反。热身活动的目的，是让学生安静下来。

热身活动建议

以下活动通常都可以作为热身活动，这取决于本节课的主题或者主讲内容：

- 从一本书中摘抄小段的文字（出于一些未知的原因，我的学生喜欢重复抄写一些段落）。
- 绘制并标记示意图。
- 练习填写在现实生活的常见的表格（例如学校申请表、驾驶执照、护照等）。
- 单词检索和猜字谜游戏。

- 业余爱好或主题工作（例如，设计介绍他们最喜欢的科目的小册子）。
- 默读（显然需要仔细选择书籍，实际上学生们很享受适合口味的阅读）。
- 制作海报。
- 涂色游戏（他们也可以简单地在外轮廓上勾出颜色，这个活动让学生表现出令人惊奇的专注和轻松，甚至变得很有禅意）。
- 写日记或者简报等。
- 完形填空活动。
- 通过"寻宝"加深理解的活动（例如，通过给定的信息来检索来源）。
- 观看视频。要给每个学生提供一张对相关视频片段进行简单理解的答题纸，因为这样有助于他们观看时集中注意力。
- "结识你"活动——这是我的最爱之一。因为它可以让学生全身心投入其中，你会从中了解所有他们的兴趣、喜好和激情所在，而这些信息都是与他们深入交谈和建立积极关系的关键。

或者，你可以使用下列的两个现成的活动。

大家来找碴

材料：无须准备。但提供备选的词汇时需要认真的考虑。

时间：5~10分钟

概述：把与学科相关的关键词以三个一组的方式写在黑板上，或在学生在进入教室时告知他们，学生必须判断出其中哪一个词汇不属于今天讲解的主题。

指南：

1. 在黑板、工作表或者卡片上写下3~4组关键词（每组包含三个词汇。例如养殖、开采石油、美发，太平洋、大西洋、亚洲，医院、公寓楼、电影院，等等）。

2. 学生必须识别出一组与主题不相关的关键词，并给出他们选择的理由。在这个练习中没有绝对的"正确"或"错误",只要学生能给出合乎逻辑或令人信服的解释,他们的答案就应该是可以接受的,这个活动的主要目的是开发思维和提升沟通技巧。

破解密码

材料:每个学生的笔,纸,信封(装有密码和关键词列表)。

时间:5~10分钟

概述:它是创造性思维的发动机,可以通过调整适应大部分学科和教学主题。

指南:

1. 选取一些文字或图像作为密码。给每个学生复印一份密码,同时给他们提供一份课程的关键词列表,一起放入信封(信封上标记着"间谍工具"或"任务文件"),在学生进入教室时发给他们(也可以直接放到他们的书桌上)。

2. 在黑板上写下一条消息,使用你的密码字母来标志有关的课程内容,例如,"今天你将了解到(关键词或主题)_____。"

3. 让学生破译你的信息,用加密的形式写下他们从列表中找到的关键字。对那些能力超强的学生,你可以提供更长的关键词列表。

4. 学生也可以交换手中的文件,破译对方得到的信息。

5. 通过要求学生用编码的方式写下在课程中学到的知识,可以加深对所学知识的印象。相同的活动也可以要求全体学生共同参与。

好了,这些活动够有趣吧?现在,让我们回到眼前的任务:让学生安定心神投入学习。

给非常具有挑战性的并充满活力的班级上课时,应谨慎地(或需要)继续你在教室门外就已经开始的准备工作,也许是同各个合作学习小组的学生沟通，做出积极的评价，立即赞扬那些遵照要求的学生。

"固定的开始方法"最长不要超过10分钟，可以根据不同小组的完成情况有所不同。接下来，你需要过渡到下一个活动，这通常会是一个"恰当"的教学和学习任务。过渡时间在任何班级中都可能造成混乱，如果事先没有计划或管理，在难以管理的班级，情况可能会更糟。

当你觉得同学们都应该准备进入到你的主要教学活动时，给他们发出"30秒警告"（"我们将在30秒钟后停止这个活动，因此不管你正在做什么，请你做好准备接受下一个指令"）。警告的原因很简单：如果你的学生依然全神贯注于一个不错的活动或安静的谈话之中，让他们提前做好准备。提前发出警告，可以有效地减少发出指令后的催促和唠叨。

一旦学生已停止眼前的任务并集中注意力，老师就要给出明确的步骤指导。如果有必要，提醒学生整理好自己的教学材料或学习用具，做好开始主教学任务中的准备，学生们现在应该进入要学习新知识的跃跃欲试的状态。

在向教室里的一群孩子讲授本节课的教学内容之前，要通过你的眼神扫视每一个人，确保他们已经彻底地安静下来。如果你不把这个做法当成一种习惯，并坚持在上课前必须集中注意力，你的学生将会视你为无物，或许我这么说还不足以表达这个问题的重要性，那么，我再强调一遍：这是你的教室！你说了算！只有这样学生才会真正听你的。

欢乐的开场

第三种开始新课的方法总是伴随着激动人心的活动作为开始上课的信号，能够引发整个班级的浓厚兴趣，这是我开始一节新课的首选方式，但这里也存在潜在的威胁。你所面临的隐患是：活动中激发出来的热情和亢奋，可能会使学生们表现得太过头，所以活动结束后，他们往往不太情愿再完成其他任务。

所以应谨慎地使用"欢乐的开头"。如果你觉得自己没有把握让学生在投入到一项活跃的活动之后，能够重新把注意力转移到另外一项活动中，那么这种方式我肯定不会作为首选推荐给你。如果你已经在一个容易管理的班级中尝试过这些有趣的活动，而且效果不错，也许你可以尝试在有一些管理难度的班级中采用相同的活动，除非你自己还犹豫是否要尝试使用其他的课程开始方式。一旦你对一个班级有了更多的控制，就可以使用这个方法，并且可以给他们带来更多的乐趣。

"欢乐的开场"的流程是什么？这里有我们精心设计的活动，它们让年轻人感受到无穷乐趣、兴味盎然并充满活力。有趣的启动活动可以与课程联系在一起，但它属于非学术性的热身活动，所以，它能够帮助那些对学习持有根深蒂固的消极态度的孩子集中注意力。一旦某个麻烦不断的群体开始在一堂课中感受到积极的情绪，他们对你和你所教学科的态度都将彻底改变，而且非常迅速。下面就是一个例子：

包里面有什么

材料：一些与课程内容有关的道具，可以装在书包或者其他容器里。

时间：10分钟

概述：把一些与课程内容有关的道具，事先藏到一个书包里，或者其他容器里（如果可能的话，尽量找一种天生具有神秘感并能引发激动情绪的容器。所以，要避免使用普通的购物袋）。学生们纷纷猜测里面是什么，年纪小的学生可能会把"今天包里有什么"作为一个普通的活动程序享受，而高年级学生也许只会把它当作一个常规的热身活动。

指南：

1. 在黑板上写上："你有20个机会猜测包里有什么。"

2. 向学生们说明：他们可以任意提出问题，通过问题确定包里有什么，但问题只能用"是"或"否"来回答（即他们可以问"是蓝色吗"，但不能问"是什么颜色")。

3. 每次都把他们提出的问题写在黑板上,这样就可以记录问题的总数,追溯提问的过程,避免出现重复的问题。用"是"或"否"来回答他们的问题,并在问题旁边打钩或打叉。我总是喜欢针对"是"和"否"这两个答案制造出两种不同的声音效果,用来添加幽默的气氛。一个小口哨或者鸭子叫可以用来表示"否",而小军号或智力大师的铃声则是为"是"预备的。

4. 紧张的气氛会在问题达到两位数的时候迅速攀升。因为学生们意识到,他们可能不会成功,特别是当你告诉他们如果找不到正确答案就要多完成额外的家庭作业时!

吸引人的问题开场法

在课程开始时,吸引人的问题是确保富有挑战性的学生群体进入课程状态最高效的方法,它的成功之道是尽量询问与他们生活密切相关的问题。

就像许多老师一样,我习惯于以一个与课程主题有关的问题作为开始。例如,如果我要讲解循环系统,开场问题可能是:"你们有多少人能解释血管是什么?"一些学生会急于回答我,他们把手举得老高,于是我认为自己所做的事是正确的,毕竟我还是有一些响应者的。但如果举手的学生连10个都不到,那么这种感觉就会消失,很显然,大多数的学生根本没有参与进来。而且我们都知道,如果他们不参与到教学活动中的话,很快就会开始在课堂上胡作非为。

让我们来面对事实:假设你提出的是一个沉闷的问题,无论你在提出它的时候是多么慷慨激昂,这种问题都不太可能在群体中产生太多的共鸣,你只能寄希望于有学生愿意主动回答它。而如果是这样的话,你会马上把自己的注意力和课程要点都转向那些愿意学习的学生身上。

这使得它很容易造成那些不主动学习的学生只是木讷的坐在一旁观

看，或许假装在听。为什么他们不愿意参与呢？因为他们觉得这个问题太沉闷，他们要么不知道答案，要么根本不想回答；也许他们只是觉得自己在朋友面前回答这样的问题显得很滑稽，或者他们只是不想让对方万一答错了陷入困窘，袖手旁观显然更容易也更安全。于是，剩下的人要么呆坐着，要么手脚乱动，或者干脆开始在周围捣乱。

如果你希望其他学生也参与到讨论中，就得提出与他们有关的问题，一些和他们的兴趣爱好有关系，或者至少是与他们的生活经历有关系的问题。为什么他们根本不在乎"血液是如何在身体内流动的"这样的问题？除非这个问题与他们密切相关。

我们会在后面的第十一章里讨论如何使你的课更切合学生的需求，那里会提供一些不同的做法。不过现在，我们先看看你是否能在以下几组问题中发现最吸引人的那个：

第一组

1. 谁能告诉我血液是如何在身体内流动的？
2. 谁知道血管是什么？
3. 谁能告诉我毛细血管是什么？
4. 你是否曾经一不小心划伤了自己的手指？

第二组

1. 你认为在杀死了邓肯之后，麦克白的头脑中会想些什么？
2. 在麦克白杀死邓肯之后，他的性格发生了怎样的改变？
3. 在本剧的开端，你会用什么词语来形容麦克白？
4. 你最近一次做过的非常可怕而过后让你非常后悔的事情是什么？

那些容易分心的学生都最有可能在这两组问题中选择第4个，你知道这是为什么吗？**这些问题提供了一个机会，使学生能够把学习内容与自己的切身经历相联系，从而轻松地把他们吸引到课堂上。这些问题之所以引起学生的注意，是因为它们给予他们在课堂上分享自己经历的机会。**

一旦你的学生被问题激活并积极参与进来，那么你就可以引导他们进入本节课的教学内容。

所以，回到我们血液循环的课程中来，我们可以继续发问：

- 血流了多长时间？
- 你是如何止血的？
- 你觉得如果不管它，流血会停止吗？

然后——最终，我们将引领学生进入课程的主要内容：

- 血液从哪里而来，它又去向何处？

希望你可以就此明白：在课程的起始阶段，一个吸引人的问题是如何用一种可靠的方式勾住你的学生并吸引他们参与进来的。关键在于问题的相关性！那么，下一章我们会看到其他一些运用相关性来让课堂更具吸引力的办法。

第十一章

建设相互尊重与支持的学习氛围

好吧，让我们快速回顾一下。

我们已经采用非对抗性的提醒和非正式的闲聊让教室外的学生们安静下来了，使他们更有可能按照我们的指令行事；然后，我们已经掌控了局面并让他们进入教室内（使用过滤器法则来对付异常活跃群体）；我们已经有了一个成功的开始，因为我们已经学会用四种主要的开场方法。

稍后我们会继续处理那些在这个阶段还没有安下心来的所有学生，那些游离于学习任务，在课堂上大范围破坏秩序的学生。现在需要做的是保持平静，为那些专心致志的学生们营造富有成效的学习环境。本章中，我们将通过一些一般性的建议来保持教学的顺畅，了解一些让课程变得更有趣的方法。

引人入胜的课堂

长时间面对一个破坏力强的班级，有的老师往往会停止努力，逐渐趋于平淡，完成教学任务时缺乏激情，虽然偶尔会在黑板上或练习册中闪现出一些与课程有关的灵感，提醒他们自己在教学中忽略了什么。或许应该给自己一个难得的休息机会，如果这些沉闷的教学活动成为常态，那么行为无疑会恶化。

多年以前,我在工作中意识到引人入胜的学习活动具有重大的作用,尤其是对于预防班级的行为问题至关重要,并开始留心在这一方面逐步积累经验。那时候我在一个学生指导中心工作,在那里的每一天、每一分钟,我们都专注于解决学生的不良行为。从早上8:30到凌晨3:30,每一位员工的注意力都高度集中,确保在一天之内学生既没有引发任何的意外事件,也没有卷入其他的严重事件当中,这项工作非常紧张和令人疲倦。

在某个特别的日子里,学校指派我们带着全校纪律最好的班级去一个展览厅参加活动,那儿正好有一家公司提供了一个互动的教学课程,课程是关于那些从遥远的国度来的爬行动物,以及大型昆虫和各种爬虫。那时候,我们的学生对任何与校外机构的教学合作最好的反应也很粗鲁,如果是最坏的情况则具有相当的破坏力。所以,我是带着战战兢兢的心情走进展览大厅的。

但是奇怪的事情发生了。当学生们进入大厅的时候,一位负责动物展区的年轻女士站在门口面带微笑热情地招呼他们。她举起一个手指头放在嘴唇上,告诉大家要保持安静,另一只手则放在胸口,她举着一只老鼠,背后是大约七八个盖着盖子的箱子。一些是半透明的,你隐约可以分辨出有东西来来回回地在里面跳跃和奔跑。其中有一个非常大的箱子,毛茸茸的昆虫腿甚至都从盖子下面伸出来了。

这对我们学生行为的影响效果简直就是奇迹。他们一进入大厅,整个行为方式都彻底改变了。他们的步子慢下来,眼睛睁大了,走到前排座椅的过程中一直保持着安静。每个学生都进入大厅后,这位年轻女士做了自我介绍,并开始依次介绍每一个动物。她允许那些特别好奇的同学可以有机会碰它们一下,或者是更近距离地观察它们。

仅仅几分钟之前,这些孩子中有几个还扭打在一起,这些孩子经常被发现在教学楼的屋顶上扔石头,或对着教员们恶毒地尖叫。然而,在这里,他们围坐在一起全神贯注地参加活动。他们绝对全神贯注,我能感受到。对于刚开始工作不久的教职员工,不止我一个人有必需处理学生的行为问题的困扰。

现在,请不要误会我的意思。我知道在一个有行为问题的学生群体面前,不可能每次都可以弄到一箱子蛇或者是狼蛛,但我们可以从这次经历中吸取经验教训。如果你为学生提供的活动可以引起他们的兴趣或者是充满魅力,那你要解决的管理问题就会相应减少。

那么,你如何做到这一点?如何让你的课更成功、更吸引学生呢?每次都用毛茸茸的昆虫腿来吸引他们恐怕不太合适。

让你的课堂充满吸引力的秘密

我喜欢用一个例子来比喻可以明显地吸引学生注意力的简要方法,我称之为"情感背包"。如果你面对的学生总是拖着脚从走廊上懒懒散散地走过,并在走到教室的过程中嘴里一直骂骂咧咧,很显然,他们早已认定这节课是不得不忍受的负担,而不是他们真正喜爱的东西。

在这种情况下,我把他们想象成每一个人都背着一只装满不良情绪的巨大背囊,他们会被(可能是对学校和生活的)消极的想法、感受和情绪压垮。这些消极的想法、感受和情绪大多基于他们个人过去的经历,以前上过的某些无聊的课程,或者只是来自同伴之间的评论("我讨厌那样的课程,你也应该这么做")。

比方说,在这之前一门或很多门课程中,他们在掌握或完成这门功课所需要的技能方面一直都力不从心。如果是这种情况,几乎可以肯定会给他们带来一定程度的沮丧、焦虑,并有可能在那个背囊中装入了恐惧和不安。于是,他们背负着不信任,甚至愤怒或报复的情绪去上他的下一节课。一旦他们发现这个学科过于简单、非常枯燥或者完全与他们无关,他们就会变得烦恼、易怒或冷漠。

我敢肯定你已经明白了，这群具有挑战性的学生在到达教室门口的过程中，已经基本认定了这节课无法使他们得到快乐或从中受益。那么当他们处于这种状态时，管理他们的行为、教会他们知识，都是非常困难的事。

解决这个问题的方法其实很简单，你需要做的，就是改变他们各自在情绪背囊携带的东西。如果我们能让这些学生离开教室的时候带走一个有趣的秘密，因为在上节课我们刚分享了一个有趣的例子或者故事；或者是带上乐观的情绪，因为在上节课他们感受到了学习的乐趣和笑声；于是，他们就有可能会更热切地想返回你的课堂上。

如果他们带走的是有关成功和成就的意味深长的回味，而这是他们第一次从理解了一个复杂的概念中获得的，或者是他们因为自身的努力获得了赞扬而产生的自信，或者是因为在一次成功的团队合作过程中产生的同学友情以及认同感，那么，我们有理由相信，他们会很乐意重返教室。这样的话，我们就可以通过更加有助于学习的交流方式引导他们。

你希望的无非是学生们带着期待学习的心态来到你的课堂上，愿意和你在一起是因为他们喜欢上你的课。如果他们获得了成功、达到了目标、实现了愿望，或者学到了一些有趣的知识，或者在课堂上充满乐趣、分享快乐，感受到自己的进步并变得更好了，如果他们被热情驱动，投入积极的行动中来，毫无疑问，他们就会对下一节课抱有乐观的期待。因为这种情绪是一种良性循环，可以带给他们更多的成就。

这些事情，任何老师都可以在任何一节课上进行安排。归根结底，他可以帮助学生感受到被需要、被重视和被赞赏，并确保他们在与你共同度过的短短的时间内能有积极的收获。

提高课堂的吸引力和参与度的十种方法

1. 大量使用由衷的赞美

当消极的行为已经根深蒂固的时候（因为在一个非常麻烦的团体中通

常是这样），我们往往把重点放在课堂上那些错误的行为上（"我告诉你要安静！""这已经是我第三次不得不提醒你了！""安静！"）。这就造就了一个非常负面的印象，加强了麻烦群体的根深蒂固的观点，即学校总是在和他们作对。

聚焦于那些学生做得对的事情似乎是违反直觉的（很糟糕！它们总是需要被告知），但它是我所知道的改变负面情绪的最快方式。我不在乎别人怎么说，我只相信：这个星球上，没有一个孩子打心眼儿里是不想成功的。而如果你是（唯一的）一个当他们试图做一些正确的事情，或做出努力并取得进步时接纳和认可他们的人，那么他们一定回报出色的表现。

唯一需要注意的是，赞美只有在正确的时间才可以发挥作用，并且要以正确的方式给予（有关"赞美"的内容请参见第六章）。

2. 确保任务能够实现并与学生的能力匹配

取得成就时的喜悦是问题学生很难在学校获得的一种体验，他们很少能够享受完成一项辛苦工作的那种满足感。同样，亲手证明一门学科中的难题，也是最有力的激励之一，所以，我们必须努力让那些问题学生感到自己可以胜任工作。如果今后我们不断鼓励他们尝试各种任务，并提高他们的学习热情，他们同样可以取得经验和成功。

不愿意上课的这些学生，纯粹是因为他们已经习惯失败（并不断被这样批评）。他们害怕被看成傻瓜，而且通常用不当或愚蠢的行为以及其他逃避战术，来掩饰他们不愿意尝试的本意。多年前我参与过PGCE教师培训课程，有一节课在强调这一点的重要性时所采用的方式，给我留下了深刻的印象。

那一轮课的尾声，在某个下午的会议上，一位讲师（他被亲切地称为A先生）自豪地宣布，我们这个班级将成为一个革命性的新标准化的科学测试的样板，一家私营公司将在不久后对针对学校进行这项测试的市场进行开发。他认为这个考试机会对我们的培训来说是很有意义的，如果我们愿意花半小时左右的时间在我们的下次会议期间参与，他会设法得到测试许可。

他解释说，我们将需要遵守严格的考试条件。我们第二天培训的时候，已经重新布置了教室。我们被安排到自己的座位上，默默地坐着等待试卷。A先生向我们介绍了一位穿着白领西服、非常严肃的女士，她胸前的徽章说明她代表着"星教育"，这是一家营销各种新测试的著名公司。经过简短的介绍，她对于我们理解了计划的重要性感到满意，并且指出所有的问题对她们公司来说也是非常重要的，然后，她示意可以分发试卷了。

对于这样的测试，我们都没有什么可以准备的。通常我并不是能够在具有挑战性的环境下保持冷静的那个人，这一点我必须承认，我总是发现考试会令我非常紧张。但是，当我刚开始阅读这份试卷时，紧张感却远远超乎我的想象。

诚然我对此完全无法理解。我心里乱作一团，手心直冒冷汗，似乎可以听到自己的心脏在怦怦狂跳的声音，我感到自己真的遇到了大麻烦。

我开始环顾教室四周，发现其他同学很显然也碰到了至少和我一样多的问题，这多少让我感到安心一点。一些人正疯狂地在答卷上奋笔疾书，但是你马上能发现其实他们正处于惊慌失措中，胡乱写下一些答案又飞快地将它们涂掉，然后又马上去尝试别的答案。

回想起了以前在学校读书的日子，每次考试开始的时候，我总是重复做一件事情：当我发现第一个问题就让我如堕五里雾中而无法找到出路的时候，我就会快速地把剩下的其他题目都浏览一遍，寄希望于能找到一根救命稻草，或者至少有一些能够看懂的东西吧？这样至少还可以摸着石头跌跌撞撞地蹚过河去。可是，在这张试卷上几乎无法找到任何一道题目我可以自信地给出答案。

我仿佛开始听到自己心底垂头丧气的声音，恼火地将试卷推到一旁，顺手将手里的笔也摔在桌子上，嘴里嘟囔着各种难听的话。这时候我后面的人正用笔捅我，一团被揉皱了的试卷从教室后部飞了过来。很明显，其他很多人也都举双手宣布投降了。教室里一下子像炸了锅一般，极少数的人还极力保持着安静，试图努力完成这次考试，而绝大多数的人已经开始闹腾。无疑，大家都被这样的一次荒唐无理的考试激怒了。一位年轻的女士满脸怒色地冲出了教室，在经过愁眉紧锁的监考员时，还不忘对她摇着头大声喊叫："这样的考试真是愚蠢透顶了！"这算是所有人的挫折感集中爆发的一种表达方式吧！

　　面对这样的混乱场面，我们的A先生以及那位监考员开始慢慢费力地穿过喧闹的课堂，走到教室前面。他们转过身来面朝着我们，教室里逐渐安静下来，我们在等待A先生接下来会说些什么。"是这样，感谢诸位同学自愿前来参加我们的这次测试，我也借这个机会把我的妻子介绍给大家，她就是本次考试的监考员。"他用手示意站在他身旁的那位女士，"其实她根本不在那家公司工作，她对我们的教育行业一无所知，我们只是在几天前开始共同策划这次测试而已。"他稍作停顿，脸上堆满了笑容继续说道，"现在你们知道了吧？当一个孩子在面对一项对他来说太过于困难的任务时，他会是什么样的感受？现在你们都有这样的体会了吧？"

　　而一直让我疑惑的是：当时在教室里的每一个人都是成年人，甚至是专业人士。我们当时都是只需再过几天就可以毕业，拿到资格证书成为一名合格教师的人，为什么这个时候我们的行为还像一群行为失控的未成年人呢？我们在教室当中所表现出来的各种不成熟的极端行为，嘴里嘀咕着污言秽语，在教室里乱扔东西，大喊大叫，语无伦次，未经允许擅自离开，与老师争执……发生所有的这一切，仅仅是因为我们被安排了一项力所难及的任务。

　　在我与我的同行们分享过这个事例之后，每当他们在准备各种活动的时候，都会闪现出这个故事的画面，尤其是面对那些有特殊教育需求的孩子时,他们会自然而然地联想到:如果活动或者功课的难度安排不当的话会产生什么样悲剧性的结果,这就要求我们一定要注重"作业的难度要适度"这一原则。如果任务太简单,学生们会感到无聊,而如果太困难,你就会遭遇混乱不堪的场面。

三种确保所布置的任务不会压垮学生并引起混乱的方法

(1)根据他们的能力级别布置作业。

(2)尽量避免大量文字的作业。

(3)不要一下子让他们吃得太饱,要把一个"大任务"分解成若干"小任务",便于学生们"细嚼慢咽"。特别是你在与容易情绪化的学生以及有行为问题的学生打交道的时候,一定要把一大堆的任务或作业分解开来,在这一点上你必须提前评估这些孩子可能会给你带来多大的麻烦。你可以把一次大规模的考试打散,变成一系列的小测验,谁都不会说你这样做有何不妥。而它的好处是显而易见的,这样可以给你的学生们连续几天充裕的准备时间,而不是短期内喘不过气来的过度紧张。只要工作可以继续开展,这又会有什么问题呢?类似的,如果你感觉一名学生对你所布置的功课难以完成时,那就取消其中的一部分,或者干脆给他一些提示甚至是答案——这样就能够让他们把精力集中到自己觉得可以胜任的那部分任务上。

始终要牢记,那些看上去不大愿意去参加某项活动的学生,或者试图破坏课堂秩序并以此来逃避功课的学生们,他们这样做的目的无非是因为害怕失败。

3. 运用音乐和声音的力量

对年轻人来说，音乐具有巨大的魔力，在他们的生命当中，音乐是如此重要而有感染力，让我们不得不特别重视这一点。你可以使用它们来让你的学生们放松情绪，集中精力或者是增强创造性，并提高成绩。音乐可以给一个疲惫不堪的群体带来勃勃生机和旺盛精力，就像音乐可以让一个亢奋的人冷静下来。音乐可以带来欢乐、改变心态，同时建立起和谐而且令人鼓舞的关系。适当的音乐出现在适当的场合当中，是杰出的团队塑造者为学习提供的非常有价值的推动力量。当然，如果有机会让你的学生欣赏你收藏的各式各样的留声机、唱盘机的话，也会是一种非常棒的体验。

同样的，声音效力的很多形式也可以运用到教室中。从学生们正确地回答了一个问题送给他们潮水一般的欢呼声开始，到当他们对着我们嬉皮笑脸时送给他们一通机关枪发射的声音，各种音效都可以带给教室欢笑，现代的无线技术让这一切实现起来非常容易。很多手机都可以连接到扬声器上，这样就可以随意使用手机中内置好的一些音效或是应用程序，而实际的效果会让你倍感吃惊，比如，我经常会用iPhone放出一种逼真的声音，吸引那些躲在办公室角落的孩子的注意力，他们还以为我正在打开冰箱寻找冰淇淋呢！

4. 在课堂中运用道具

使用和主题有关的物品也是引入一个新话题的不错方式。毫无疑问，我曾经用过的一件最佳道具，就是一件真正的泰坦尼克号的遗物。那是一件被打碎的怀表残骸，遗物的主人是船上一部电梯里摇铃的小伙子。我的学生们看到这件遗物后，展开了为期数周的学术研究，最后确认泰坦尼克号沉没的时间是当天夜里2:20。在这个过程中，他们完全被泰坦尼克的整个故事迷住了。这让一段历史变得如此的活灵活现，而又离他们如此之近，似乎触手可及。在经历了之前只能通过图片、电影或者是参考书了解这段历史之后，他们深深沉浸在那段历史当中。2:20AM这个时间，就是那只被打碎的怀表所停下的指针位置，他们经过不断的研究，最终确认那就是船只沉入大海中的时间。

很显然这样的道具是一次性的，你能得到这样的无价之宝的机会可以说是微乎其微，而花费精力到当地的博物馆去找寻这样的物件看起来也不是那么现实的事情。我是幸运的，不是因为我是一个富翁，而是因为我的一位朋友认识一位收藏此物的女士。她之前从来没有在自己家以外的地方向别人展示过这件文物，但是当她听说这东西有可能增强孩子们的学习兴趣时，她非常激动，并亲自带着这件宝贝来到学校展示给孩子们观看。正如我刚才所说的，我是幸运的。但是其实我们所有人都有朋友和亲戚，也许他们当中的某个人就拥有这样的宝贵之物呢，或者是他们会知道别人拥有一件适合你下节课使用的最佳道具呢！

在一个介绍性的学习过程中，运用道具比干巴巴的口头描述更能抓住学生的注意力。正如刚才的例子，泰坦尼克号上的那块怀表甫一出场，就掳获了学生们的心；如果学生们刚走进教室，就发现一只独特的口袋很显眼地放在教室中央的一张桌子上，他们会疑惑："那个口袋里装的是什么"？你可以告诉他们：据权威专家确认，这只口袋就是当年那些从沉船事故中幸免于难的乘客随身携带的众多袋子之一，此时他们的激动心情可想而知！

5. 加大难度

以前曾有人告诉过我，对待那些努力付出的学生，有两种方法肯定不会出错："赌他们必定成功"，或者是"让他们能够看到现实的成果"。在这里，我可不是让你掏光口袋里的钱赌博。对第一种方式，有难度的东西，但是我们得合理地运用它才能有效果，为此我们就得同时了解困难的等级，以及等级之间的关联度。在相互关系上，这样的挑战必须引起学生的兴趣才行。比如说，一个物理实验会引起爱好理科的学生的更多兴趣，而一项体能挑战则对喜爱运动的学生有更大的吸引力，而一项技术攻关则会让那些极客兴奋不已。所以对于那些不认真努力的学生，你得找出他们需要的合适的动机，这样才能基于他们的情况制定能引起他们兴趣的有难度的任务。

将挑战设定在合适的等级非常重要。如果挑战过于简单，那么完成它时就不会给人带来成就感。学生们会认为它太无聊了，或者会在一开始就用淘气捣蛋的方式来应付它。如果挑战太难的话，他们又会畏缩不前，不愿意接受未知的挑战。

在你的课堂中引入挑战的快速方法

- 告诉他们每个人在每一项工作中都可以设定一个最大的容错次数。
- 让他们在指定的时间自己挑选要回答的问题。
- 让他们挑战你原来的课堂纪录（比如，在自己的座位上坐好、闭上嘴巴并把书本打开，原来的记录是7.5秒，你们可不可以用时更少）。
- 使用来源于他人的难题（比如，别人看了你以前考试的分数，都会认为你这次考试只能得个C，我们如何一起制订计划来证明他们是错的呢？再比如，在今天早上的教职员工大会上，所有教员都被告知，这一整个学期下来居然没有一个班的出勤率达到100%，我们如何一同努力来证明他们是错的呢）。
- 设定一个安静无声的挑战，用一个计时器来测定他们能保持安静的时间。一开始从两三分钟起，逐渐延长到五分钟、七分钟……你会在当他们开始体验到成功之后，为他们能坚持的时间而感到震惊，而且可以从实际效果上感受到静默挑战给他们带来的好处。

● 布置一些有趣而富有挑战的活动（比如：我敢打赌在这个教室里没有人能在一分钟之内吃下四块饼干）。我喜欢的一位生物特级老师有一天在开始讲授消化系统单元的内容时，给我们布置了上述这项任务，以此来揭示唾液和咀嚼运动是如何让食物在嘴里进行分解的过程。当时的课堂现场看起来"恶心"至极，但是直到三十年后我想起这件事，嘴角依然会泛起笑意。

---

6. 给予学生们选择的权利

让孩子们选择自己能做什么，可以给予他们一种掌控和自治的感觉，这样做可以把他们从行动上的停滞和行为上的羁绊中解救出来，让他们体会到自由的美好。提供选择最简单的办法是当我们提出要求时适当施加一点压力，反而能够激发他们自愿参与的动力。

比如说，在试卷上可以这样提出问题："从第一部分、第二部分和第三部分中任意选择两个部分作答。"相比那些完全没有选择的试题，这样的问题给学生带来的压力减小了，而且更能引起他们的注意。别总是说："如果你完成了刚才的作业，就请翻到第20页继续做练习"，而是这样说，"我已经在黑板上写下了一些选择项，你们只需要在这几个选项中选择五项来完成，而且完成它们的顺序也完全取决于你们自己的习惯。"

这些看起来在工作中微小的变化，会给学生们带来一种完全不同的感受。另外你可以采用的方法是，发给每位同学一张像选票的纸，上面写上一些如下面所列的那样有限的选择（有些时候口头的讨论会引起争执，而这时候看起来通过投票的形式会有意思得多）。

下列哪些任务是你所喜欢的？

（1）在_____上画一张思维导图……

（2）针对_____做一份新闻报道……

（3）组成一个团队去寻求＿＿＿＿＿＿的解决方案……

（4）完成书本上练习5的题目……

在以上活动中，获得最多票数的活动将胜出，这样所有的人都可以毫无争议地参与到这项投票选出来的任务中了。

7. 要找到任务与他们的相关性

如同我们在第十章中读到的，课堂中反应最积极的学生，通常是因为那时候所提到的知识或者问题恰好与他（她）所认知的现实世界联系起来了。因此，我们要通过各种方式将所要教给学生的新主题和新信息与他们所感兴趣的事物关联起来，这样才能达到最好的教学效果。

让我以自己的教学经历中的实际例子告诉你如何来做到这一点。如今对于青少年们来说，莎士比亚的作品已经从主流学校的教学里淡出了。孩子们现在已经很少有人能说那些经典的、语法正确的句子了，简单的单音节咕噜声是当今学生们的主要表达形式，所以你大致可以想象他们会怎样看待莎士比亚了吧？

第一年，我总是试图去寻找合适的资源提供给他们。那些声称充满了引人入胜的活动的书本其实适用性很差，通常对学生来说缺乏吸引力，学生根本提不起兴趣，而政府组织则总是约定俗成地提供三篇莎士比亚的原著节选，看上去更是百无一用。三到四节课之后，仅仅是看到"莎士比亚"这个名字就足以把学生们搞疯了，他们甚至威胁说如果我再提莎士比亚的名字他们就会把教室搞得乱七八糟。

那么在这种情况下，你如何向你的学生介绍一位像莎士比亚这样的伟大作家，他们与现代生活相隔得那么遥远，而你的学生又是一群完全不喜爱他的15岁的男孩？我们要如何让他们去认识莎士比亚是怎样的一位作家，去把他当作一名和他们有点关系的人来看待？至少只有这样他们才会有足够的兴趣去听一出戏剧当中的一部分，你得明白这一点，说不定他真的那么棒呢!

  这群新学生在来到我的班级上课之前就已经对莎士比亚敬而远之了,他们讨厌莎士比亚式的语气,最主要的原因是他们根本不理解他在说些什么,而学校里的其他一些孩子则总是在一旁告诉他们,关于莎士比亚的课程用一个词形容就是"无聊"。结果还没开始上课,我就已经泄气了。他们自己心中,早已把莎士比亚及其作品给划归故纸堆一列了。

  早在16世纪末17世纪初,远在现在的第一个少年降生在地球上之前,莎士比亚就已写出了那些俘获人心的伟大著作。他的戏剧极具娱乐性,大量观众蜂拥着去戏院看他的作品。他就是那个时代的昆汀·塔伦蒂诺(Quentin Tarantino)(尽管昆汀也是一位出色的艺术家),那么我该怎样将他介绍给我的学生们呢?我一开始根本没有提及他的名字!取而代之的是,我一开始和学生们谈论起了他们所看过的所有电影,恐怖电影、喜剧片和绑匪片,比如说《落水狗(Reservoir Dogs)》,勾起他们的话题。我们谈论到是什么激发了他们的情绪,以及为什么他们觉得这部电影这样好看。

  我问他们,如果没有电视或电影院的话,哪种娱乐活动会成为我们生活中的重要组成部分?他们中有些人之前也曾听说过"剧院"这个名词,但绝大多数都无法说明白它和"电影院"的区别在哪里,而真正进过剧院的人则一个没有。所以我干脆就组织了一次去剧院参观的旅行,他们非常喜欢这个活动,渴望了解更多互动的、精彩的娱乐形式。从那一刻起,他们开始对威廉·莎士比亚产生了一点兴趣,而不像以前那样排斥、恐惧和厌恶了。

  通过一系列的课程,莎士比亚带给了孩子们更多的乐趣。但是,至关重要的第一步就是让他们认识到现在热爱的娱乐形式,其实和几百年前人们所喜爱的娱乐形式如出一辙,这就让这门课与他们的生活关联起来了。几百年来,莎士比亚写的那些欢乐的喜剧和血腥的悲剧被他的粉丝们顶礼膜拜，昔日的粉丝不就等同于今天的影迷吗？一旦学生们发现，那时候的娱乐形式和现在电影院中的轰动大片完全具有可比性的话，他们就会有兴趣探究更多的东西。

五种让学习与学生关联起来的方法

（1）与当前世界的现实问题联系起来

把当前的社会关系整合到一个教学主题中，然后不断地鼓励学生们运用学过的知识，解释他们认识的生活。你不妨以一个最近发生的新闻话题，或者是一个与现实生活相关的问题，作为上课开始时的话题（你可以带来一张报纸，向他们展示上面的事件）。记住：你一定要选择他们可能感兴趣或者是容易打动的内容。

（2）与他们周围的环境联系起来

把课堂上所教授的内容拿出来放到现实世界中，告诉他们如何在周围环境中运用这些知识，这是快速地把我们所教授的知识与他们关联起来的好办法。你是否可以用一张他们所居住的城镇中心的照片作为上课的开始呢？或者是一张有关他们左邻右舍的新闻文章，一段与当地事件有关的新闻视频，或者甚至直接带着他们到社区里去走一走！

（3）与他们的兴趣爱好联系起来

在第五章中我们提到了如何建立积极的师生关系，我们当时主要聚焦于发现和逐步了解学生们的兴趣爱好上。那么，现在我们回过头来看，把教学内容与年轻人们的兴趣爱好联系起来，可能对他们来说就是一种最好的关联方式，这样他们就能快速理解所学主题的重要性。即使是在缺少每个学生的详细的个人信息的情况下，我们也可以轻易地找到他们共同感兴趣的领域——比如，运动、时尚、名人、音乐、电影、任何当前流行的游戏，近来轰动一时的大片和流行的电视剧，或者是某个他们在晚上都喜欢去扎堆的地方（如当地的公园或者是大型商厦）。

（4）与他们同年龄段的现实问题联系起来

青春期是一段充满矛盾和困惑的时期，在这个阶段，大多数未成年人都会被这样或那样的问题困扰。当你把要学习的知识和他们可能亲身经历或亲眼目睹的事情联系起来的时候，他们更有可能产生共鸣，也会更想了解所要学习的知识中有哪些和他们相关的地方。

（5）运用隐喻和类比

隐喻和类比也是让新概念与学生关联起来的最好方式之一，因为它们相当于在新信息和之前他们熟知的、常识性的或者每天都发生的日常事物、日常行为之间打开了一条通道，方便他们进行比较和认知。在我讲课的过程中，我会经常用到隐喻和类比形容过程、行为和概念，可以说任何事情都是这么解释的。这是因为，它们给予学生一种轻松的办法去掌握和理解新的知识。可以说，这就相当于给他们打开了一盏灯，或者是为他们提供了一张地图，你能明白吗？

还有一种简单的方式，能够帮助你对所教的几乎所有知识都提出一种隐喻或是类比。那就是，仅需向他们提出一个问题："这像什么？"然后从你学生的回答中挑选出一个你觉得最接近的答案。举个例子，"扩散"（分子从高浓度的地方向低浓度的地方传播）是学生一个较难理解的概念，那么你现在就可以问学生："扩散像什么？"

① 就像看到一群挤在电梯里的人从高楼层下到底层之后，就各自向不同的方向散开了。

② 就像看到一堆篝火的烟雾四散。

③ 就像听到某个学生在教室后面放了一个屁，然后看到教室里的其他学生都捏着鼻子不敢呼吸，就像遇到了什么致命的化学武器攻击一样。

当学生们对"扩散"没有什么概念的时候，任何一种这样的类比都可以用来形容"扩散"的过程，但是因为一些众所周知的原因，大多数学生会发现类比3最容易理解。

8. 加入一点点魔术

读到这里，有些老师（可能你就是其中之一）会认为在课堂中运用魔术有点可笑。但是事实上魔术在吸引注意力和提高学生的想象力方面有非凡的效果，在转变一个团队的负面情绪方面也有神奇的作用，同样它也是一个打破大脑思维定式的方式。在一些例子当中，课堂中的小魔术往往可以用来说明一些关键性的要点。

我是因为一次偶然事件决定在课堂上使用魔术的。我记得第一次使用它时，我正好带领自己的班级就有关莎士比亚的学习内容进行单元总结。那个时候，我们已经学习了《麦克白》，而他们的兴趣还停留在其中的巫术上，进而开始讨论各种超自然的事件，这很自然地就将课程话题引到了魔术和幻想上面，他们对此非常的着迷。正因为如此，我决定将我从一个朋友那儿学来的一些小魔术在他们面前炫耀一番。这个朋友当时正经营着一家娱乐公司，而我的表演效果非常令人震惊。我自己都无法相信这些魔术和幻景所引发的兴趣，因此我从那时候起决定每周给他们表演一个新魔术。后来，学生们也可以带着他们的新魔术来表演给班上的其他同学看。以后每周的那个时候，就成了班级固定的"魔术时刻"。

魔术教程：伟大的名字

让班上的同学大声说出大约10位名人的姓名，过去的和现在的都可以。同样的，你也可以将这个魔术改编成让学生们选出关键词、日期或其他内容，等等。

每一个名字或单词分别写在一张单独的卡片上，然后你得像洗牌那样把这些卡片好好混合，这时候你可以在一沓纸上预测一下学生将会挑出哪张卡片。让一个学生上前来挑选出一张卡片，他大声地念出纸上所写的名字，令人吃惊的是，它居然和你写在那沓纸上的名字一模一样！

玩法：你需要10张小卡片，一沓纸和一顶帽子。准备好上述物品后，叫上一名同学说出和课文主题有关的一位名人的名字或一个关键词，在其中的一张卡片上写下来并且把它扔进帽子里，再要求下一个名字或是关键词。这个时候你要记住：不要把所叫出来的名字都写下来，而只写下他们第一次叫出的那个名字或者关键词，那么现在在帽子里头的名字都是一模一样的了。当其他的名字或者是关键词一次次地叫出来的时候，你实际上还是继续在每张卡片上写下最开始的那个名字，直到帽子里面的所有10张卡片都是同一个名字为止。最后，你在那沓纸上再一次写下那个名字或词语。当然，这个时候班上的同学都看不到它。

把那沓纸放在可以看到的地方，但是要记得把写过字的那面朝里以免让观众看到。邀请一名同学上来协助你，让他不停地晃动帽子把卡片混合好。让学生把手放到帽子里，挑选出一张卡片并大声念出上面写的名字或词语。在他做完这一切之后，把那沓纸转过来对着学生，告诉大家你预先所写的名字正好和他所念出的名字一模一样。记得魔术结束之后要销毁所有的卡片，这样就没有人知道你到底是怎么做的了！

9. 包含一些简要的复习

在上课的任意阶段插入一些简短的复习或者回顾，可以在课程中增添一些新的能量，对任何知识片段的学习都可以起到非常有效的加强作用。

原地踏步

让全班起立并让他们在原地踏步，只有当学生们说出和课题相关的足够多的知识点（要先预设一个目标数量）时，才能停止原地踏步坐下来。

烟花大会

告诉你的学生这个"烟花"是你自定义的一项活动名称，当有一名学生从他的座位上跳起来并为班级贡献了什么积极的成果的话，就可以被称作"烟花",比如说正确地陈述迄今为止所学课程的一些知识点,或者是准确地复述了上节课的一些内容。启动一个定时器,告诉学生们你想在接下来的30秒或60秒钟内(时间过长的话大家会犹豫不决,而且热情会在最后的阶段很快消退)看到缤纷的烟花。有时候给他们一些小刺激是非常必要的,"好的,现在快到课间休息的10分钟了,如果你们想要完整地休息这10分钟,那么我希望你们能在60秒钟时间内给我放出15个烟花!"

10. 翻转教学

翻转教学活动可以让学生通过给其他同学上课的形式,鼓励学生巩固他们所学的知识。记得那句著名的话:"在你没有教知识之前,其实你并没有真正地掌握任何东西。"在帮助学生学习新的知识点的同时,翻转教学对老师来说也非常有用,因为它可以让你检查学生们掌握了多少知识,以及他们的理解程度如何。同样,它们也可以让你获得一点自由的时间。

预备,开始……上课!

在每一个教师讲课或阐述阶段总结之时,都可以让学生们通过翻转教学的形式进行复习和回顾。你甚至可以把这种活动变成一种常规的课堂行为,作用非常有效。

跟学生商量好一旦你发出"预备,开始……上课"的指令,他们就要与分配给他们的学习伙伴一起开始30~60秒钟的反转教学,把之前在课上学到的要点给对方讲授一遍。

学习伙伴必须标上1号和2号以示区别,这是因为这种翻转教学有三个阶段:

阶段1:在给大家教授新的知识点后,教师要在活动开始前先询问大家是否还有问题。这是为了明确一下所学知识,并在下一个阶段中消除一些概念上的误解。

阶段2:当老师发出"预备,开始……上课"的指令后,1号学习伙伴将立刻开始给2号学习伙伴讲授刚学到的新概念。非常值得关注的是，在这种面对面的交流中，学生们会过于强调知识要点，讲授的时候通常会有夸张的手势（幽默能让学习更加牢固），而且他们对整个信息的描述会非常大胆直接。对于一些比较困难的概念，学生们通常会花上整整一分钟时间来重申新知识的要点，但是我们最好要保持这种活动的简短性，一旦时间过长，他们就会丧失兴趣，那活动的效果也就没有了。这个活动的精髓就在于快节奏，简要回顾，无须赘述。

阶段3：教师发出信号终止第一次学生授课的过程（这个时候我喜欢使用一种响亮的自行车鸣笛来提请大家注意并突出这个转化过程），然后让同一组中的学习伙伴们交换角色。在第二次喊出"预备，开始……上课"后，2号伙伴开始给1号伙伴讲课。之后，两位搭档为对方精彩的讲解相互致谢，然后老师继续上课。

第十二章
维护课堂的秩序

当学生们感到枯燥、受挫,或者是任何一种干扰,就会开始频频出现不同程度的不当行为。他们的注意力开始游离,把写作业变成了完全不经思考的机械动作,或者是他们开始在教室周围寻找乐趣。一旦出现这些现象,那就意味着,老师得花费宝贵的时间和精力来重新获得对课堂的控制权,以便让学生们回到作业和学习任务上来。在这一章节中我们将找到一些办法,讲解老师如何将学生的注意力集中在课堂任务上,尽量缩小失控发生的可能性。

运用活动检查表

一份活动检查表(或者是课程大纲)是指在上课过程中可能会开展的活动的简要清单。为什么它能够成为维护适当行为的一个好办法?那是因为,一旦完成这份表单中罗列的事项,你就可以在它前面画一个钩标注。尤其对于男孩子们,准确地知道他们这节课要干什么以及接下来要干什么,对他们是有好处的,而他们只需要扫一眼活动检查表就可以知道他们现在完成了哪些工作,还有哪些没有做。

这儿有一个非常简单的活动检查表的模板,你可以直接把它贴到黑板的旁边，它必须由与你的课程计划相关的主要工作所组成。对于那些有疑问的学生有很好的镇静作用，看明白一项一项的任务有助于保持他们的注意力集中。

- 开始阶段——5分钟
- 视频播放——10分钟
- 教师演示——5分钟
- 分组合作——20分钟
- 做游戏——10分钟
- 富余时间——10分钟

如果你自己已经对这张清单了如指掌，那么就可以在学生结束了上一项任务之后，指导他们进入下一项活动。当他们已经知道了下一项任务，这样的过渡将会非常顺畅。

要对一些紧急活动和提早完成任务者有所储备

当然，所有的课程不见得每一次都运转良好，但是最让你感到头痛欲裂的是花了一整晚设计的活动彻底"触礁"。这种情况发生的时候，你得有合适的"应急"方案补救，以填补暂时的空白并消除那些枯燥的等待或者是挫败的想法。这时候，我们急需有趣的、有意义的和吸引人的活动充当救兵。你可以从互联网上或者某位教师同事的图书资源中搜集各种主题，然后将它们汇编成你需要的活动形式。你还可以将这一堆活动分别布置给不同的学生，只要他们有空余时间准备就可以；或者是当他们还没有完成计划好的任务时，给予适当的帮助。你可以为每个活动创建两到三种不同形式的版本，这样才能保证处于不同水平的学生们都可以获得这些资源，锻炼他们的能力。

要不时地使用一些预先计划好的停顿

大脑的暂停，伸展运动，充电活动，喝水时间和"血清素①时间"（比如说讲讲笑话，一些小游戏，读一段小说或新闻，看一段搞笑的视频，等等），这些小活动对于一节吵吵嚷嚷的课会起重要的作用。通常问题学生的注意力集中时间会比较短，除非你很幸运地找到了一个可以完全集中注意力的活动，否则他们肯定需要偶尔安排一下中断和停顿，这种停顿一般大约每隔20分钟一次，可以在一节课开始或者是结束的时候使用。这些活动同样也是建立团队凝聚力并且促进互动的神奇方式，因为它们本身就依赖团队合作和参与。

请注意不要错误地以为充电活动是在浪费时间，否则你得花费远超过充电活动的时间处理那些感到厌烦了的、走神了的、懒得动手的学生。而且在需要活动转换时，也可以为你大大节约时间。一旦充电活动运用得当，就可以通过多种多样的方式，快速地让一个麻烦不断的班级保持注意力，重新振作精神，把他们从厌倦不堪的状态中解救出来，或者是重新焕发出年轻人的生气。

以下是你可以尝试的一些大脑暂停和充电活动：

充电活动：轻微的或全面的伸展运动

时间：4~5分钟

目标：让一个团队重新集中精力，在一段紧张的工作之后为团队提供一些形式的放松活动，可以让团队精力充沛，提升元气并且充满了很多乐趣，这个充电活动还有一个附加好处就是可以轻松地与课程内容联

---

① 血清素是神经之间用以相互交流、传递信息的一种渠道，它会影响人的胃口、内驱力以及情绪。

系起来。

指南：

1. 让全班同学起立

2. 先演示一下对身体某一部分的轻微伸展运动（比如说抿一抿嘴唇，交叉一下手指），然后演示一下全面伸展运动（比如说尽量够到天花板，或尽力抬起一条腿）。在演示伸展运动的同时，大声说出和这项运动有关的一个主题。

3. 随后每个同学都得按照刚才的动作重复伸展运动，并大声地重复同一个主题。然后老师随意指定另外的一名同学来示范其他轻微的或者全面的伸展运动，但是也要求他们说出其他相关的主题，这个学生完成之后就有权叫其他的学生做同样的事情。

4. 继续上课之前，表演四组或者五组伸展运动（或者拉伸一下肌肉，不过这最好在一开始就做）。

充电活动：计时呼吸

时间：2~3分钟

目标：让一个团队重新集中精力，在一段紧张的工作之后为团队提供一些形式轻松的放松活动，或者用来安抚及平息一个活跃的团体。

指南：一开始邀请一位同学尝试10次特别的、平静的呼吸。有的学生这个时候会认为这事儿看起来好蠢，因此你得给他们稍稍介绍一下让他们这样做的原因。告诉他们这是一种古老的瑜伽技术，而现在用于高水平运动员的训练和美国航空航天局的宇航员训练中，它可以让精神放松，甚至能够培养他们的第六感和心理素质。这样就足以唤起他们的好奇心，并使他们有兴趣去尝试这项活动。

1. 让学生们慢慢用数四声的节奏吸气一次（注意不要让学生们过于深度地吸气，我们的目的只是让学生放松下来）。

2. 慢慢数到四，然后吸气。

3. 慢慢数到四，然后呼气。

4. 每一次吸气与呼气之间屏住呼吸数到四，然后再开始下一个循环。

两到三个循环之后，学生们会找到自己的节奏和速度，这个时候他们就慢慢地安静了下来。鼓励他们慢慢闭上眼睛，这样做可以帮助他们把精力更加集中在自己的呼吸上。

这种4：4：4：4呼吸循环的比例的确是非常令人安静的频率。在面对任何一个吵闹的学生群体时，你可以自己先尝试这个办法（或者，如果这个团体问题多多，那在点名之前就可以让他们这么做）。

为每一个学生设定学习目标

毫无疑问，这是能让那些比较麻烦的学生专注于学习的最好的策略之一。设定适当的目标对学生来说可以起到几乎是神奇的镇静效果，同时可以提高他们完成一项任务的认真程度，或者是让他们的注意力重新回归课堂。

设定学习目标的的原理是一些学生在一个时间段只能完成少量或适当的工作。当他们面对一项复杂的工作时，那种对失败的恐惧感就开始出现了，紧接着就会产生一大堆如何逃避这工作的想法。从不回答一些题目开始，直到故意把钢笔弄到地上并到处去找，甚至"飞行"超长的距离穿越整个教室，从用脚去踢废纸篓直到偷偷从后门溜出教室为止，此外，他们还会有大量看起来很愚蠢的行为，或者是让你匪夷所思的小动作。所以说，要通过目标给予学生们对自己能力的足够自信，相信自己可以完成一项任务，它会让成功变得可以实现甚至是触手可及，这对于那些学习困难的年轻人来说是难得的机会，同时也可以极大地释放压力。

告诉你们一个案例。让我们的老朋友汤姆再次登场，现在他正在左顾右盼，看起来有点不知所措。与其走过去督促他继续完成作业或者是威胁他如果完不成你就要惩罚他，还不如给他一个比较现实的工作目标。直接在他的课本上用铅笔做好记号——"汤姆，这就是你的目标，我希望你在接下来的10分钟之内能够做到第6题。"

我知道你会觉得这看起来过于简单，以至于你完全不能相信。事实上，我就曾经有过整整一大群的不太专心的学生口口声声地恳求我，希望我能给他们制定一个目标。这项简单的策略，让我和我那些最麻烦的班级之间建立了一种非同寻常的师生关系。

避免老师说得过多

在上课期间老师说的话过多，会大大地让学生们分心，我发现新教师很容易出现这种情况。过多的口头阐述导致很多活动无法进行，在学生们正在写作业的时候，又不停地打扰他们甚至中断任务，原因都是因为他们

小贴士

最好能悄悄告诉每个学生他们的任务是什么，因为有的人会觉得任务太多，有的人又会抱怨自己比同学的任务少。每个班里都有表现欠佳的学生，而事实上，他们往往在班上具有一定的号召力。对这些学生，我建议私下给他们比其他人更多的一些任务。比方说，"汤姆，今天我要给你制定一个更高的目标，因为我知道你完全有能力完成它，如果我不给你一个机会展示你的能力，只能说明我的工作没有做好，你懂的，是吧？"但是如果我这么做而不加解释，可能会引起他的不安甚至不满，但是如果在上课前就提前把学生叫到旁边单独跟他说的话，他们就会变得出奇的配合。

之前忘记把一些事情解释清楚，而后又不得不大声地重新给予提示。最后，学生们的学习节奏全被打乱了，而要让他们再度集中注意力是一件非常困难的事情。所以就算你有更重要的事情要说，不到万不得已，不要去干扰学生们的注意力。

如果你不得不向学生解释清楚一项复杂的任务应该怎样完成的时候，那你最好将它分解成非常简单的步骤（或者是一个一个知识点），对每个步骤或者是知识点你都要仔细地进行检查，保证学生们在每一个阶段都能够完全地理解。

小贴士

尝试将你的讲授内容用一种简洁的清单写下来。你也可以利用提示卡片或者是提示清单，在每一项任务开始之前给每个学生发放一份这样的清单，然后，与其告诉他们要做什么，还不如就告诉他们参照清单上所列的内容开始工作。

提供适度的帮助

提供帮助，是课堂管理的一个方面，它对于建立教学常规也是有好处的，毕竟在一天当中，学生们引起你关注这种事情有可能发生上百次。如果一个班上有一半的学生都在同一时刻有不同的需求，或者是都想引起你的重视，那么老师身上的压力可想而知，但是如果每一次学生有寻求帮助的要求时你都会有求必应，学生就会形成依赖，而不会主动去学习如何解决他们自己的问题。

一种自查、互查和教师检查的日常规范，可以将老师们从那些不必要的浪费时间的琐碎事物中解救出来，并且教会学生们凡事得依靠自己或者是相互帮助。你得首先告诉学生,无论何时他们发现了何种问题,那么要首先对自己的功课进行自我检查,看看是否还有其他办法解决问题。如果找不到,接下来,他们应该向本组的学习伙伴或者是其他组的成员寻求帮助。最后,如果他们还是没有办法解决问题,才可以举手询问老师。

你可以用这套常规办法处理经常发生的问题,诸如"如果你没有带齐合适的学习用具""如果你提前完成了作业""如果旁边有人干扰你""如何正确地在图上进行标注""进教室晚了该怎么办""如何使用这台仪器",等等。这套常规适用的范围越广,那么你在同一件事情上不断重复唠叨的时间就会越少。

在关键的时刻提问

当我们需要向班上的同学解释清楚一个知识点的时候,很明显,如果我们能够将老师的自言自语时间转化为互动时间的话,那么我们就可以很好地维持上课的流程。我们通过针对不同的个人不断地提出各种问题,可以很好地做到这一点。这样就可以始终让他们保持警觉并集中注意力,因为他们都明白,自己很可能随时会被你点名提问。

两种改善现场提问的技巧

1. 要始终在提出问题之后再说出学生的名字

如果你说,"丹尼尔,我们怎么来判断水烧开了呢?"那么其他的同学就会先放松下来,甚至都不一定会听完你所想要询问的问题,因为他们已经事先知道你指定了丹尼尔来回答这个问题。正确的提问方式应该是,"我们怎么来判断水烧开了呢?"然后停顿数秒,环顾教室的四周,然后再点你想要提问的那个学生的名字。

2. 如果一个学生不能回答出一个问题,不要再叫别的人来回答

如果某个学生一开始回答不上来某个问题,可以尝试继续问他就这个

> **小贴士**
>
> 我发现了一个可以对一个爱讲小话的学生提供帮助的最佳时机，那就是一定要在上课之前（最好是在走廊上一对一地进行）。这种预先达成协议的私聊方式，是显示你在意他的成就的一个最佳方式。
>
> 汤姆，我们能简短聊两句吗？听着，我发现你最近上课特别爱说闲话，我在想是否有什么事情你需要我的帮助？我也在想有的时候你应该也意识到了这一点。不管怎样，我不会在这件事上花很多时间对你进行说教，你要做的是顺利完成作业。有什么办法可以让我帮助你克服这个毛病呢？每次我看到你又不按规矩讲话时，我不会冲你喊，我只是会给你一个手势或是一张纸条。其他任何人都没必要知道，那只是你我之间约定好的私人信号。要不我们在接下来的几堂课上试一下这种方式，看看你的表现如何？

问题更浅显的一些小问题，直到他能够回答出最初的问题为止。这一点是很关键的，只有这样才能培养学生们不选择放弃的好习惯。他们已经给了你他们无法理解的理由（可能是合情合理的），那么现在就得靠你来帮助他们理解问题了，这就需要你重新诠释这个问题，直到他们明白整个逻辑。

老师：请描述一下植物汲取营养的过程……戴维？

戴维：（两眼发直）。

老师：好的，告诉我为了汲取营养，一株植物必须具有什么要素？

戴维：（继续发呆）。

老师：好的，一株植物可以自己制造养分但是它需要摄入一些原始的物质。首先，告诉我它从它的根部能够摄取的物质是什么？

戴维：水！

老师：答得不错，现在告诉我植物通过它们的叶片所摄取的气体的名字……

你的学生们需要意识到，他们必须进入上课的状态中，而且能够接受一些没有痛苦的练习。如果你允许他们在一个问题都没有回答出来的情况下就放弃，那么，其他的学生也就会效仿并养成这样的习惯。

运用"噪音等级测量计"

背景音乐是一个强大的噪音等级测量计，用比较轻柔的音量播放，不过得确认教室里面每一个学生们都能够听到。如果他们中有的人听不到背景音乐，那他们就会知道自己的声音太大了，于是他们就得跟邻座说，请他们安静；如果他们能够听得到背景音乐，那么证明他们说话的音量是合适的。

另外一种选择是在黑板或者墙上放一个醒目的提示器，这个提示器甚至可以简单到就是贴一张简单的标志在墙上（"你们的分贝过高了"）。当正常的课堂谈话变为喊叫，你就可以给大家看，或者你觉得要有一点创造性，也可以模仿交通信号指示灯做一张有三种颜色的圆形图样：一张绿色的卡片代表音量是合适的，橘色的卡片说明现在他们的声音有点嘈杂，那么红色的卡片就代表噪音太大了。

与其唠叨不休地让孩子们安静下来，不如简单地走到墙边上，将卡片换掉来提示他们现在的噪音水平。此时，学生们会开始关注你所做的一切动作，并相互提醒要尽量安静下来，以免橙色的卡片继续变成红色的。如果教室里实在是太杂乱了，那就举起红色的卡片，告诉学生们现在他们不能再相互交谈，必须保持安静，独立写5分钟的作业。如果他们能够管理好自己做到这一点，那么你可以把绿色的卡片换上。像这样的可以看得到的提示器可以培养学生们的责任心，并鼓励孩子们监控自己的噪音水平。

当课程被打乱时如何让学生们重回轨道

或许你看过电影《危险想法（Dangerous Minds）》，在里面迈克尔·帕费福尔（Michelle Pfeiffer）扮演尽职而又有天赋的老师娄安妮·约翰逊，你应该还记得娄安妮第一次遇到自己班级的开场情境。在遭遇诅咒和恶语相向之后，她几乎是流着眼泪冲到了走廊上，而隔壁教室的一位经验丰富的同事走过来安慰她。"我不能再教这样的一群学生了！"她满腹委屈地抱怨道，绝望至极。"当然你可以这么做，娄安妮，"他说，"其实所有你要做的事就是引起他们的注意。"

这是好莱坞编导虚构的故事，实际情况是，我与真实人物娄安妮对过话。她对我说，在现实中她从来没有一次含着眼泪跑出过教室。在服了9年的兵役之后，她根本不会被一群问题少年吓到：她要求他们安静，好好坐着，向她解释那些他们该负的职责和该遵守的规矩。在她之前他们曾将3位老师赶出了教室，但她在这样一个特殊的教室里一待就是5年。那也就是说，电影上表现的是另一个"娄安妮"。现在我们不妨来还原一下真实的情况。

如果你教的学生都对你失去了注意力，或者你在每一节课的开始阶段，总是要费一番功夫才能引起他们的注意，那么以下是一些极好的小点子，可能会帮到你。

立即吸引学生注意力的23种办法：

1. 意想不到

按照这个办法正确地操作，就可以百战不殆。你要做的全部工作，就是重申那些学生们不愿意遵守的规定，然后再给他们一个解释。孩子们总是充满好奇心，总是会不顾一切地想知道为什么你改变了教室的安排，装上彩色的电灯泡，配上奇奇怪怪的装饰，在大桌子上放了一些开Party才有的食物，这样做就把所有的魔力都掌握在自己的手中。

2. 图画词典

在黑板上画上一张潦草的抽象画，当学生们走进教室时，这幅画可以一下子吸引住他们的注意力，"你们能猜到它是什么吗？"在有人猜到答案之前不要给予任何提示。给他们一张卡片，上面写着一个和教学主题有关的关键词，让他们积极地思考并且画一张可以代表卡片上的词语的草图。猜到的学生们可以交换位置，并给他们一张写着新的关键词的卡片。你也可以通过创建团队和设定时间限制的方式让这个游戏更加正式，或者你干脆把它当作一个即兴的热身活动快速地启动课堂。

3. 杂技表演

如果你能够骑着独轮车，敏捷地在教室里穿梭，或者是可以像个耍猫一样不断地翻着高难度的筋斗，那么：(a) 你可能选错职业了；(b) 你肯定能够吸引所有人的眼球。我曾经尝试这么做过一次。

4. 乐器或者是噪音制造器

用乐器，比如小手鼓、牛铃、吉他、钢琴或者卡祖笛演奏一段乐曲，不会有任何攻击性，但同样是一种可以让大家听到并能吸引注意力的信号。你的确可以在走进教室的同时，让人抬着钢琴进来，这样更能吸引他们。以下是一些其他的可供考虑的噪音制造器：

● 掌声：如果你没有乐器的话，可以使用你的双手，但是一定要小心，别让一些学生认为你是在嘲笑他们的愚蠢。与其每次都让他们听到随意而无规律的掌声，不如尝试用双手拍出有节奏的掌声，那样他们就可以同样以掌声来回应你。

● 烟雾报警：在你的抽屉里准备一个这样的小玩意儿。当你在上课时需要绝对安静，不妨拿它出来尝试一下。如果你想把它用于日常管理的话，它可能更适合于学生戴着耳机的情况。

● 军号：这应该是噪音制造器的终极方式了。我曾经在讨论会和工作间里使用过自行车的喇叭，同样，在学校里和学生们在一起时也尝试过。这东西可以在班上增添一些幽默的成分（想想看，它像不像马戏团的小丑们使用的道具），而它对付讲话者和教室噪音的威力，就像一把快刀切开一个蛋黄派那么简单。

你也可以考虑将声音和某个特别的活动联系起来，那样你针对不同的行为就会有不同的信号和声音，比如说在座位上坐好（针对年龄较小的学生）、把钢笔放下、清除杂物、排好队、把午餐伙食费交给你，等等。

5. 安静的游戏

无论如何，当你在某个要求中加入了"游戏"这个词后，学生们一般都会坐直身子竖起耳朵听。你可以采用大声宣布的方式，让一个喧闹的群体即刻间把注意力都集中在你身上（如果他们的声音比你的大得多，就干脆在黑板上写字），"现在，让我们来玩一个尖叫游戏，看看你们到底能产生多少分贝的声音。不过这个游戏的规则，得等你们完全安静下来我才宣布。"

如果就此引起了他们的注意，你才能说明规则：你们可以用5秒钟尽情地用嗓子发出噪音，但是5秒钟之后，我会举起手，那时候你们就得完全安静下来，而我会对你们进行计时，看看你们的反应有多快。这个游戏可以多重复几次，然后你就会发现，当你一举起手他们就能立即安静下来的这个习惯已经完全地养成了。这个游戏的效果出人意料。不过，你得提前给旁边教室的老师打好招呼。

6. 音乐盒

买一个廉价的音乐盒并上好发条，在每节课的开始时把它放在学生面前。告诉他们只要过于吵闹，或者注意力分散了，或者无论什么时候你需要引起他们的注意，你就会打开音乐盒并播放音乐，直到他们安静下来。但是如果每天到了即将放学之前，音乐盒都没有被播放过，那么他们将获得一份奖励。

7. 举起手

跟学生们说："下次我想要让你们安静下来，我会把我的手举起来，你们看到后也要举起手并停止说话。最后一个才把手举起来并停止讲话的人，得上来把自己的名字写在黑板上，或者走到前面的位子来坐上10分钟（或者是其他的一些适当的结果）。"你还可以加上一句："如果你举着手但没有停止讲话，我会认为这更加不礼貌，那你就得在课间休息的时候来找我一趟了。"

8. 我的眼睛看着你呢

你可以在工艺品店或收藏爱好者的商店中买到成袋的塑料玩具眼睛，价钱很便宜。它们会动，看起来有些蠢萌，不过你的学生们会喜爱它们！可以用这种眼睛来解读你和他们之间约定的信息密码：

在讲台桌子上放一只眼睛＝我正瞟着你呢

放两只眼睛＝我正注视着你呢，小心点哦

放三只眼睛＝我将对你实施某种结果

学生们对这种玩法乐此不疲。你可以把玩具眼睛放在桌子上，你也可以在墙上钉上一叠各个小组成员名字的图表，同时留一个位置可以让全班都能看到玩具眼睛。

9. 嘘，你们快把宝贝吵醒了

这是一个比较适用于低年级学生的办法。在教室的一角放上一个芭比娃娃的玩偶，设置一个"噪音监控标准"，达到这个标准时就走过去把玩具娃娃抱起来，走到教室前部并说："嘘，你们快把宝贝吵醒了！"这个时候孩子们的声音通常都会降下来。

10. 画正字

当那些年纪比较小的学生们在教室里随意说话时，计时钟就会开始计时。同时在黑板上做一个记录，写上说话人的名字，在他们名字的后面加上一个"/"号，如：

约翰/

凯特/

雅各布/

下一次如果还有讲话的人，那么你就在那些学生的名字后面同样加上一个"/"符号。然后，在快下课的时候你可以花点时间统计一下他们在上课期间所浪费的时间，然后在课间休息的时候留下那些拥有三个"/"号的人，任何有四个"/"号的人则必须承担一个后果。

11. 唱歌的马

这是一个有趣的策略，但并不适用于所有的群体，而且它有"保质期"。如果你在谷歌搜索框中键入"唱歌的马儿（The singing horses）"，就会找到可以显示在电子互动白板上的游戏，当你点击一下马儿，它们就会唱歌。在上课开始的时候（或者是在做活动期间），你可以让四匹马儿全部都唱起歌来，并在这个期间等待学生们做好准备，然后一匹接一匹地让马儿停下来，这样在最后一只马儿停止唱歌时，所有的学生都应该处于安静状态。任何人在马儿处于停止状态的情况下还发出声音的话，那就得承担一个后果，比如说，得搬到教室前部的书桌那儿上课5分钟。

12. 行动的节奏

例1：你说"把手放到头上，手放到屁股那儿，手放到肩膀上，指头放到嘴唇上……"引起他们的注意；然后第二遍再重复一次，同时要求学生们按照指示行动。

例2：你说"1、2、3——眼睛看着我"，学生们则需要大声地回应："1、2、3——眼睛看着你！"

例3：你说"如果你听到我说的，就拍拍手"（那些没有听到的同学就会停下来看是什么原因让别的同学拍起手来）。如果噪音还在继续，就加入其他的一些动作，比如"如果你听到我打响指的声音，就揉揉你的鼻子，眨眨你的眼睛"，等等。

13. 老师，是的！老师

如果你看过电影《全金属外壳（Full Metal Jacket）》和《军官和绅士（An Officer and a Gentleman）》里的训练场景，你肯定会知道这个部分该怎么做，当然你得提前给周围教室的老师们提前打好招呼。

老师：无论什么时候，当我需要你们仔细地聆听我所说的话时，我会说："立正！"而我要求你们用最大的声音回答我："是！长官！"可以吗？

学生：可以，老师！

老师：立……正……

学生：是的！长官！（或者是老师）

14. 所有人起立

发现有人讲话或者私下嘀咕，立刻暂停并且说到"请全体起立"，让学生们站到椅子背后，而你可以继续上课。

15. 奖励安静的学生

在整堂课上要不断表扬安静的学生，对这些个人一定要记录一份名单，并且允许他们放学时可以比其他的学生稍微早走一些。在这里你没必要大惊小怪，让他们早走只是相对于其他同学而言，因为那些不能保持安静的学生，你在放学后得留他们一两分钟。你根本没有必要对这些留下的同学再多说什么，就可以确保这种方法有效。在这种情况下，让他们在书桌后多站两分钟，而眼睁睁地看着他的同伴蹦蹦跳跳地跑出校门等待校车，他们心里可想而知会有多么煎熬。你只需要把这种方式重复几次就能传达出一个意思：良好的行为是有回报的，反之亦然。

16. 开始计时

在黑板上写到"这节课的时长是60分钟，在这期间你不能以任何理由离开教室，直到你对我60分钟的精彩讲课感到满意为止。如果你们阻碍了上课，那么我就会停止计时并把浪费的时间加在课程的最后。"从他们恢复安静后开始计时，并在他们打断了课程后的任何时间停止计时。

17. 小声耳语

当教室里的噪音水平已经超出了控制范围，那么就走到某一列学生那儿小声说些什么，"如果你们可以听到我的声音，就请举手，那么你们可以在今天放学后得到五分钟的自由活动时间。"这种方式会让任何听到这句话的人都想得到奖励，而没有听到的人则只有羡慕嫉妒恨地乖乖待着。

18. 非—常—出—色

记住，将注意力放在你希望看到的行为上，而不是你不希望看到的那些。在每次上课的开始阶段，告诉学生们他们得注意听，保持安静地待在桌子后边，等等，他们就会收到"非常出色"这四个字当中的一个，你会把它写在黑板上。如果他们集齐了这四个字，那么在上课的尾声全班都将获得奖励。

19. 秘密代理人

这是一个可以增进课堂参与度并建立班级融洽关系的非常棒的工具。下面就会告诉你它如何使用：

- 每个学生在进入教室的时候都会得到一张秘密代理人的卡片，这就会立刻激起他们的好奇心，并且给予了你一种有效的方式来让学生们安静下来听你的解释。这时候你就说："你们一安静下来，我就会告诉你们这卡片是干什么的。"

- 要求学生们将自己的名字写在卡片上，然后随意挑选一张卡片出来，上面写着名字的那个学生就成为秘密代理人。如果想要增加效果，你还可以把卡片放到帽子里，当然要省时间的话，你简单地从班级名单或者花名册中挑一个名字出来也可以。

- 没有同学现在会知道秘密代理人的定义是什么，包括被选定的这个人也一样。告诉全班只要这个学生好好地上了一堂课（你可以通过给他们明示一些行为目标或者功课目标，以此来确立一个标准），那么整个班级都会得到一个奖励。

这个办法的精髓在于事先没有任何一个学生知道秘密代理人的意义是什么，他通常会让所有的学生都尽力地去完成你所设定的目标。同时，如果这个学生出了点问题不能好好上课，或者因为各种原因无法完成目标，他就不得不承担对团队中其他成员的责任。因此，这个方式不仅可以激励良好的行为表现和积极的课堂参与，同样也可以提升团队配合和集体协作。

20. DJ

播放一些优美的、放松的古典音乐，当学生们听过几次之后，令人称奇的是，会有不少学生真的开始对古典音乐感兴趣。当你需要他们把注意力集中到你身上时，或者在一项工作快结束、需要你进行点评时，再或者是向新的工作任务进行切换时，你就可以把音量调小。

21. 抛锚

这是一个机智的技巧，就像魔术一样。先花一点时间创建一只"锚"，建好之后，它对于那些爱找麻烦的团体将发挥令人吃惊的效用。各种不同的"锚"（如音乐片段、身体位置、蠢萌的道具帽子、行为动作等等）可以用来自动操作不同的教学过程，而且可以放在教室的任何一个角落。

下面是一个关于一只定位锚可以用于吸引吵闹的学生的实例。无论什么时候，当你想要跟他们说话时都可以参考这个方法：

● 首先在教室里挑选一个你要站立的位置，当然前提是全班同学都能看到你。告诉学生们，只要你站到这个位置上，他们就得立即停止讲话并且安静地坐好。

● 可以尝试以游戏的方式来进行，当你在教室里走动的时候，哪些地方是可以让他们讲话的，而当你走向那个做了标志的地方时，他们就得提高警惕了。这样的尝试可以多重复几次，看着他们，并让他们知道你马上就要站到那个标志上了，直到最后微笑着踏在上面。几次练习之后，你的定位锚就会被学生们牢牢地记住了。从这个时候起，你就只需要走向地板上的定位地点，学生们就会暂停讲话而将注意力转向你，看你要对他们说些什么。

- 在一节课快要结束的时候，最后一次站到那个锚的位置并且宣布："因为你们大家都做得很不错，今天我会让大家提前两分钟下课。"

22. 有趣的词语

这个常规行为的精华在于它可能会使学生们发出更多的声音，这是一个可以快速引起学生们关注的很有效的方式，并且不会引起任何冲突。告诉学生们，无论在什么时候，你唱或者念出某些特定的单词时，他们必须将它们连起来进行回应。比如说你喊到"哒哒"，他们就应该回应"哒哒……哒哒……哒哒……"。

23. 团队合作

把学生按座位分成一个个小团队，让他们给自己的团队想一个名字，有可能的话再设计一个标志。设计团队的盾徽或者是清除墙面的各种涂鸦都可以让他们协同工作。在墙上贴一张计分表，无论什么时候你要求他们安静或者是想引起他们的注意，都可以采用计分的方式，只要是别人已经安静下来而自己还在说话的团队都会丢失一分。团队精神、同伴压力和竞争因素等都能够让这个方法发挥积极作用，它也可以让那些更具可塑性的团队在合作中表现良好。

第十三章
解决课堂上出现的棘手问题

尽管我们的意图都是好的,而且无论我们在坚持实施预防策略方面有多么彻底,但是,在我们的任何一节课中还是难免会出现这样那样的问题,特别是在那些吵闹的班级中。在这一章中,我们来看看有什么好的办法可以妥善处理这些问题,这都是你平时最有可能经常遇到的。你会注意到有些方法似曾相识,似乎在本书中的其他章节也出现过。我希望的就是通过不断的重复,让你有更深的印象,这样你才能记住在哪些特别的场合,它们可以被有效地使用。

应对无法进入听课状态的学生

当学生们不愿意开始工作,或者是他们的努力在一节课中变得虎头蛇尾时,那么归根结底可能是因为下面的一个或者多个原因:

- 被别的学生或者外面的其他事情分散了注意力。
- 有可能是课程太过于简单或者是多次的重复,使他们对功课丧失了兴趣。
- 因为功课太难而充满了挫败感(如果他们没有感受到一点成功的喜悦,那么他们可能很快就会选择放弃,还记得"赋予权力"的重要性吗)。

- 他们正在使用的有些学习用具坏了，这使他们的精神难以集中，并且迫使他们从"学习模式"中退出。

- 不安——是不是教室太热了或者是太闷？或者是太冷了？是不是从外边飘来了什么难闻的味道？如果你教的是一些年级较小的男孩子，更要注意这一点。

- 精力不足或者是疲倦不堪。

- 发现其他学生正在全神贯注听讲（他们可能觉得自己该放松一下了，或者他们发现别的学生占用了老师的注意力，于是希望做出一些负面的行为来引起老师的关注）。

就像你所看到的，可能会有好几种原因同时存在，上面这些绝不是问题的全部。但是所有可能出现的原因都有一个共同的特点：如果有好的应对措施的话，这些行为都可以得到缓解甚至被彻底消除。

那么，现在你将如何对那些在上课时丧失了学习动力的学生提前做出应对计划呢？

努力降低分心的影响

分心会有多种表现形式，一些是可以避免的，一些却不可以，但我们还是有办法可以减少它们发生的频率，并尽量减少它们的影响。以下是一些常见的分心现象以及我们的处理办法。

捣乱

男孩子就是男孩子。他们当中的一些人似乎总是会从课堂捣乱中得到极大的乐趣。通常这会产生一些喜剧效果，特别是当大家都安安静静地待在教室里时，我们有办法减少这种事情发生的概率，那就是给予他们足够的关注，这样他们就不会觉得自己还需要通过别的方式来干扰课堂秩序了。我们也应当事先制订一个妥善的计划应对这种特殊的"注意力分散"，严厉的手段是最好的办法：

老师：汤姆，你在上课时可不能这么干！请把你的东西收好并搬到教室最后的座位上去。如果再发生一次这样的事情，你就要被暂时罚出教室了（或者在课间休息时必须提前回来5分钟，或者——不管任何其他你觉得实用的方法）。

汤姆：我控制不了自己。

老师：也许你说的是实话，汤姆，但是我们所要学习的一件重要的事情就是自我控制。赶快行动起来，按我说的搬到后面去，时间快到了。

这种处理过程，会像如上一样遇到各种各样的冲突，但是记住在处理过程中不要夹杂个人情绪，不要被拖入一场讨论或争辩之中，并记得每一次处理结果都要保持一致。

如果你不能确定"罪魁祸首"是谁，那么你可以用一个稍微不同的计划。打开一扇窗户，尽可能地不要透露过多的信息，告诉那些反应过于强烈的学生保持镇定，并停止影响课堂，手头要有一个现成的活动来让学生们重新集中注意力。

注意：不要理会他们在说"我无法控制自己"时有多么的无辜，我一直认为这种行为完全是故意的，并可以马上宣布处理结果。一旦你为一次"意外"打开了默许之门，那么，重复的表演也就拥有了一个完美的借口。

上厕所

上厕所是一个很常用的"逃避作业"策略，你需要一个方法应对它。我个人意见是，绝大多数的人都可以在一个小时内（即大多数课程的上课时间内）憋住。如果不能做到的话，那他们必须学会。我知道这样做的结果，会让一些人以危害健康为由投诉我，但是除非这些有一张家长写的便条，或者是来自学校或医院的通知，告诉我得特别关注他的身体问题才行，否则所有的学生我都将一视同仁。上课开始前，我们已经给学生足够的时间去卫生间,既然这样,上课的时候就不能有人再去。如果你觉得这样做对你来说太过于刻板教条的话,那么你可以试一试对一个声称他就快要尿裤子了的学生高抬贵手,其结果是你得另外想一个办法来对付10分钟之后那5个告诉你他们有同样理由的学生。因此,比较好的规则只有一条——不允许!并坚守它!

如果你担心这样做侵犯了学生的权利,有可能受到家长的正式投诉,也有其他可供选择的方式,比如说宣布"厕所通行证",或是制定一个在每节课上每个学生可以去厕所的时间上限,并把他们每次去厕所的次数都记在本子上,或是写在家校联系本上。在每个例子中,学生们上厕所的时间都会被准确记录。告诉他们什么时候之前必须回到教室里(写在他们的练习册上或者是一张卡片上),而他们得带着卡片一起去。这样做就可以让其他的同事,比如说教导员或者是其他老师也一起监管他们,避免学生们在走廊上走动时,被别的老师抓到后误认为他们是在干其他事。

其他学生

实际上对于其他学生引起的一些问题是很容易预防和处理的,将那些相互影响而导致分心的学生们分隔开来,把最活跃的学生的座位放到教室的前面,这样就可以让他的一举一动都在你的眼皮子底下,而你的手头上也要有一个备用的或者其他选择的课堂任务,这样才能将那些注意力分散的学生重新吸引到你这里。

学生不专心听课怎么办

要准备好一些时常可以有变化的任务(每一项15~20分钟,对那些能力稍弱的群体任务时间要相应缩短),并且对于那些有能力的学生要相应增加任务的难度,而对能力稍欠的学生要给他们更简单的选择。给能力欠佳的学生准备一些简单的任务,这就要求你得了解自己的每一个学生,你才能够给他们提供锁定好目标的有针对性的任务，引入翻转教学和讨论形式的活动似乎更能打破千篇一律的方式。记住，如果他们开小差了，你要把他们的心收回来会变得比较困难，你得在之前就准备好并且预防枯燥无聊。一旦你发现警示信号，就要迅速地把这些备用方案运转起来。也许那个时间，正好是转换活动、开始充电活动或是给他们提供一些安静的鼓励或帮助的时候。

给出一些限制性选择，而不是冒犯式的命令

限制性选择的效果比较好的原因，是它们给予学生们一种可以控制住局面的感觉，而不是让他们觉得自己被强迫着去做不情愿的事情。有些学生会比其他人更需要自治，他们痛恨被逼迫着做任何事情，如果他们感到情况失控，到了一定的程度，他们就会和你争辩。

举一个例子，如果你告诉这样的一个学生：马上完成书上的10个问题（并且皱着眉时刻监督着他时），那么基本上可以肯定，他会找出一些理由来与你辩论一番，要么说10道题太多了，课程内容太无聊了，要么就说你应该去看看其他人在干什么，等等。

你会发现很难让这些学生退缩，尤其是在他们的朋友面前。因此，我们越是想操纵他们，他们就越发觉得我们是在滥用职权故意针对他们。摆脱这种困境的方式就是给予他们一个有限制性的选择权，并且给他们提供方法去完成任务，使他们不至于在同伴面前丢面子（注意：选择和决定都是他们自己做的，而不是我们去命令他们该去做什么）。通过这种办法，责任就转移到学生那边去了。

这里是一些例了：

汤姆，你是愿意继续和你朋友坐在一起并安安静静地完成作业呢？还是愿意上前来坐到教室前面的这张桌子旁，和我坐在一起并安静地写

作业呢？你可以自行选择。我现在要去帮助保罗一会儿，然后我再回来看看你会做出什么样的决定吧。

汤姆，你可以按规则玩这个游戏，或者你可以单独坐到后面的书桌那儿，完成抄写作业，这完全取决于你，你可以选择。

汤姆，你可以在椅子上坐好，不要摇摇晃晃，让椅子的四条腿都好好放在地板上；或者你也可以坐在地板上写作业，直到10分钟后你想起椅子应该如何正确使用时再站起来。你自己选择吧！

帮助学生使用文明用语的策略

总有些学生们会问一些不恰当的、私人的和愚蠢的问题，试图通过这些问题来让我们感到难堪。特别是当我们到一个新的班级上课时，这一点特别普遍。不管是在新学期开始，还是你只是去代课，你必须学会灵活地处理，否则你对班级的控制力很有可能在一开始就被削弱了。

你为什么迟到了？老师？

你昨天晚上是不是外出了，老师？

你去哪儿了，老师？

你喝酒吗，老师？

你昨晚喝酒了吗，老师？

你是因为喝酒才迟到的吗，老师？

你喝醉酒没有回家吗，老师？

你妻子知道你喝醉了吗，老师？

你结婚了吗，老师？

你妻子她长得漂亮吗，老师？等等，等等。

他们这样做无非是为了得到你的关注，或者拖延上课时间让他在朋友面前看起来很了不起。他们这样做也是为了找到我们的弱点，让我们感到窘迫甚至于让我们失去理智。有的时候他们会尝试来撼动我们的地位，这样在他们的同伴面前就可以显示并增强自己的地位，而有的时候他们则仅仅是想哗众取宠而已。有的时候，他们只是因为觉得已经认识我们很长时间，有必要炫耀一下他们与我们的熟悉程度。

这样的情况，一开始看起来似乎并没有什么伤害，但它们需要及早加以制止以避免局面失控。如果你回答了他们一开始的问题，那么越来越多的学生会参与进来，这样的局面一旦出现，那你就很难控制学生所有的评论了。结果是，教室里出现了一个难堪窘迫的教师，名誉受损，师生关系被破坏，还有一群幸灾乐祸的学生，他们中的一些人有可能会受到他认为极不公平的惩罚，而这所有的一切，其实都是可以防患于未然的。

要应付这种类型的问题，最好的办法就是将他们的注意力尽快地转移到别的事物上。下列技巧就是教你怎么做的最佳办法，无论什么时候，当你遇到学生们不恰当的问题或者冒犯时，你都可以使用它们。

转移注意力

冷静地告诉他们，这样的谈话是不合时宜的，并且必须马上停止

你可以说："好了！到此为止！这些言辞和问题都是不恰当的，我不能接受！你们在向一位教师开口说话之前得三思而行。"说这些话的时候不要带有任何情绪，然后继续讲你的课。这办法相当于是一个完全的停止符号，不要被拖入和学生的一场对话当中，对他们任何更多的言辞都不要再进行回应。你已经处理完毕，而它们也不值得你更多的关心了。

果断地岔开这个话题，比如说用一个快速的演示，一篇新课文或是介绍游戏规则，等等。

你可以说："请大家现在抬头看，我之前就已经放好在这里了。"或者是"好了，这个游戏需要你们拿出一支蓝色的钢笔和一张草稿纸"。再说一次，其中的诀窍就在于将学生们的注意力从刚才的话题直接转移到其他话题。为了能够更加灵活地做到这一点，你就得提前想出合适的替代性活动，你确实需要一个资源文件夹（不管是在你的脑海里，还是在电脑硬盘中），这里要记录各种有趣的和吸引人的游戏与活动。

公开记录学生的评价

拿出一支笔和一张纸，然后说："现在我开始把你们所说的话记录下来。我会记录下你们所问的问题和所做的评论，这样我在向别人解释你们的行为时就不会出现差错了。"

处理那些粗鲁的语言

孩子们需要非常清楚他们使用了粗俗语言的后果会是什么。如果在这点上学校没有相关的政策，那么就先使用你自己制定的规则，并且要坚定不移地使用。这个办法能让他们发现无论怎样，他们也不能摆脱你的原则。

在这儿，多次强调过的"保持冷静原则尤其需要牢记并运用"。不要在意学生的言辞有多么不恭和冒犯（我想在这个问题上不需要我提醒你学生们的创造力有多强吧），记住：一定不要发火，运用你已经选择好的对策代替你履行使命，冷静地说"现在这一分钟是你欠我的（或者是其他你已经设计好来应付这种场景的台词）"，把学生的言辞记录下来并继续上你的课。做这些的时候，不需要提高你的嗓门，因为这样会透露出你在情绪上有了反应，而这恰恰正中他们下怀。

如果用恶毒的语言诅咒你的情况经常发生，那么措施就需要在开始阶段柔和一些。这听起来可能有点模棱两可而难以理解，但是如果在你的教室里每隔两分钟就会发生一起令人沮丧的事情，那么面对每一次冒犯，你根本不可能立即制定出各种层级的处罚规则。如果你一开始就说："好的，现在你得留堂！"那你接下来的措施就被限制住了（同时，这也冒着让全班学生都留下的风险）。

过去我曾经在供情绪化和有行为问题的孩子居住的公寓里贴过一张宣传海报，因为我被一些对待脏话态度很开放的教师所震惊，他们居然在论坛上和一群十年级、十一年级的孩子们互喷脏话。在这之前，我在EBD中受过严格的训练，我决定不管有多少教职员工对脏话无所谓，我是永远不会说的。这样，我在经过几个星期的努力之后，最终在我的班级上消灭了脏话。

我做到这一点完全依靠的是坚持（保证听到的每一句脏话都被我记录在案），同时依靠的是我与这个群体中的男孩子们建立起来的强有力的联系。我在下课之后花时间和他们在一起，在课间和他们踢足球，以及玩其他游戏，在午饭时间和放学后帮助他们解决功课上的难题，晚上对他们进行家访。我知道你们现在在想什么，是的，这其中包括了大量的额外工作，但结果是公平的。也就是说，一旦我开口说："哦，孩子们，注意自己的语言！"他们就会马上道歉，并照我说的做，他们尊敬我，是因为他们知道我关心他们，也是因为我付出时间去了解他们。最后，所有的问题都迎刃而解，这些学生原来可是言行举止最粗鲁的孩子里最不服管教的那一群啊！

对付恶毒诅咒的策略

举办一个辩论会

给学生们一个机会讨论咒骂这个问题，允许他们自己制定规则。让学生们争论那些他们可以找到或者找不到的论据，以及他们面对"冒犯者"会如何做。和班上的同学讨论我们如何表达尊重：我们用什么样的方式说话才能表达尊重抑或是轻蔑、关心或是憎恶？当我们使用了黑蠢的语言时，会传递出什么样的信息？我们该怎样说话，为什么要这样表达？如果我们在公众场合使用了错误的语言，别人会如何看待我们，这会对我们产生什么影响？那是我们自己愿意看到的结果吗？被别人以负面的眼光看待有什么好处或是坏处？

拒绝被拖入持久争论

学生们会说，"哦，但是我们一直都在这么说话啊"，或者是"我爸我妈说……"听到类似的话，你应该马上回应，"也许是这样，但是在我们班上就不能这样说话，我不希望你们在这儿使用这样的语言，好吗？非常感谢！"

不要反应过激

记住，学生可能是想要尝试激起你的某种愤怒的反应。不要急于显示厌恶之情，你首先得确认其他学生们还在专心学习，然后你将挑衅者带到一旁，用周围的人听不到的声音来冷静地处理他们的挑衅。

建立一个"不雅语言箱"

这个箱子不是用来存放他们的零钱的，但是一旦他们中有人违反了规定的话，你就可以用来剥夺给他们的奖励、时间或者是使用电脑的机会。每一次的冒犯行为，你都可以往自己设置的"不雅语言箱"中投入一个象征性标志，或者是记录到表格上。当事先约定好的限制被突破时，你就可以采取相应的惩罚措施。

从家长那里争取支持

要鼓励家长和监护人在家里担负起监护的责任，鼓励孩子们使用文明用语而不是恶毒的诅咒。你可能会暗示说《绝命毒师（Breaking Bad）》不是一部家庭剧，他们才不会看呢……但是，也许仅仅跟他们解释不应该使用不当语言、这样说话是不对的，是远远不够的。如果在上课时某个孩子偶然地使用了这样的语言，那么这会给更多孩子带来他们察觉不到的问题和影响。

再也不头疼班上表演欲强的捣蛋鬼

爱开玩笑的人是因为他们极度缺乏关注。他们那些聪明的话语、粗鲁的评论、猥亵的手势、机智的回嘴和各种俏皮话可能会很有趣（很不幸，班上"喜剧演员"们的确很有娱乐性），但是他们会制造烟幕掩盖自己的沮丧、失望和自卑，其实根本上是因为能力不足造成的。

以下有一些对付班上"段子手"的建议：

确保他知道问题造成的影响

通常这些学生并没有察觉到他们造成的问题，因为他赢得了一些笑声，所以他觉得什么事情都无所谓。你可以在私下里告诉他：实际上，他的言论已经构成了对大多数同伴的骚扰，并且可能会有另外一番戏剧性的结果，因为这个结果可能与他一开始所期望的完全不同。一定要让他深刻地记住：他这么做只会让其他同学开始反感他，而你可不想让这样的后果发生。告诉他：为了让他彻底改掉这些愚蠢而捣乱的毛病，对他的每个不同意图的插科打诨，你都有一整套备用的手段来对付他。

清楚地告诉他后果

确保他完全听明白如果他继续扰乱课堂，那么将会发生什么事情。对他保证这不是与他的私人恩怨，却是唯一的方法，可以让他记住怎样做才是正常的课堂行为方式。

在责备他的时候不要显露出情绪

因为这种行为出于对别人关注的极度渴望，所以你所需要做的最后一件事，就是如果他真的引起了全班的哄堂大笑，给予他一个奖励。先不要考虑他触犯了多少戒条，相反，每次他有不当行为时，都是一如既往地用冷静的口吻告诉他一个处理措施。面对他的抗议决不妥协，仅仅需要根据下面的原则消灭他的气焰："我已经告诉过你会发生什么，但你还是做出了选择。如果你对于这件事情还有什么说辞的话，那我们稍晚一点再来进行，放学后到我的办公室来找我，我会在那儿等你。现在，你好好继续上课。"然后转过身去，踏着你的步伐在夕阳中绝尘而去；或者是坐回你的讲台后面，暂时把他撂在一边。

记住要有积极的行为导向

我们都已经意识到这样的学生是希望引起别人的注意这一点，因此你应该有所准备，并在适当的时候给予他们更多的关心，但是仅限于他们正确完成任务时。表扬的确是一种非常实用的管理手段，而你应该尽可能在他安静认真地做功课时给予。他如果你能对不当行为坚持"立即严肃地关注"，以及对恰当行为坚持"没有引起混乱就不关注"的原则，你很快就能看到明显的效果。

有效处理在学校使用手机

每一所学校对待手机的政策各不相同，所以，你要采取的对待手机使用的方法必须首先看学校的整体政策是什么。如果你工作的学校对手机使用有明确规定和措施的话，那么你可以像平时对待普通的行为问题那样来进行处理，并且始终坚持就可以了。

手机有可能成为一个大问题，对那些整天离不开手机的学生来说，要加强管理是比较困难的。下面是你可以考虑的四种策略：

1. 不要干涉打紧急电话

学生们总是会找一些借口，比如说他们需要接听来自家里的紧急电话等。如果他们这样说，也许实际上代表着他们并不需要手机，但是你可以给学生家里寄一张明信片，上面留下学校的电话号码，并保证家长的任何信息都可以及时地传达到学生那里，这样就消除了他们对手机的借口。

2. 提供发信息时间

这种办法只视学校中对手机使用的明确规定的具体情况而定。如果有固定的条款禁止他们使用手机，那么显然在公开场合，你不能被别人看到在使用这个办法。不过如果条件允许你可以自己安排手机的使用，而且在上课的时候发短信这种事情对你来说也是个大问题，你可以考虑在快下课时给他们一点时间发短信，以此作为他们完成一项任务的奖赏。

3. 使用同伴压力

可以与学生们就他们的某些权利达成一致意见，比如说，早一点结束课程，额外的课间休息，使用计算机，或者是在课堂上播放视频。但是同时也和他们约定，一旦你听到或看到在上课时有谁使用一次手机的话，那这些事先约定好的权利就要被减少5分钟时间，任何违反了约定的人都会让自己在班上不招人待见。

4. 鼓励把手机当作学习工具来使用

智能手机里现在有上百种APP可以用来增进教育的功能，而在大多数的学校中禁止使用手机的原因是它会分散学生的注意力。而一些学校和老师已经开始借助高科技手段，引导学生们积极地使用手机，而这样做看起来（非常令人惊奇）可以大大减少上课时间不当使用手机的行为。

大多数智能手机的基本配置完全可以使它成为一套有用的教学工具，满足教学所需。一个班里大家都拥有手机的话，那也就意味着学生们人手一台计算器和一台计时器，这些工具的用法无须赘述，而且也无须担心被盗窃或者丢失。大多数的手机还具备照相功能，而在以前，学生们要表达他们的科学方法时通常得通过手工绘图的手段，还得想办法保留过程，现在他们只需拍一张照片就搞定了。这样他们要做什么汇报时，只需把手机里存的照片调出来就可以了。

发短信为学生们提供了一种即时的、方便使用的通信方式，因而深受学生们喜爱。通过微信定期地给学生们发送一些提醒信息，学生们都乐于接受而不会把它们视为喋喋不休的唠叨。信息交流比面对面的直接教育要更好，因为很多学生不太接受那样的方式。如果你需要说服一个问题学生或者想鼓励一个羞涩的孩子来参与班级活动，那为何不使用短信这种科技手段呢？

以下是在你的学校里将手机作为学习工具来使用的一些建议：

- 通过计时器来增强时间观念。
- 利用手机摄影功能提供科学实验或作业。
- 为今后的复习提供照片版和文字版的内容。
- 团队成员之间通过发短信和发邮件的方式交流学习材料。
- 接收老师的短信和邮件提醒。
- 对老师的讲课和教学过程进行录音以方便复习。
- 可以编辑一些有用的故事性视频。
- 下载应用软件、听力练习以及一些翻译语言的播客。
- 运用播客来回答问题。
- 使用GPS确定位置。
- 将信息翻译成"演讲文字"（让学生们将学习内容翻译成为"演讲"形式，作为一种复习练习）。

- 使用短信或微信来传递讨论的主题和信息。
- 使用短信或微信来回答一些调查问卷,可以直接将短信发送到某个邮箱地址或者是某个电话号码上。
- 随机地给班上的学生发送问题。
- 作为一种课程结束时的复习活动——由学生们自己录音,讲述本节课的要点,然后把它们存在一个合适的手机文件夹中或者是在学生之间发短信。

应对那些不愿意做作业的学生

学生未完成家庭作业是一个普遍存在的问题,特别是对于那些缺乏学习动力的学生来说尤其如此。如果他们在课堂上不写作业你还可以监督他们,但是他们在家里不写作业你就没办法管他们了。下面是六种鼓励学生完成家庭作业并按时交作业的办法,都不需要学生放学后留下来补作业,或者是需要你颁发奖励证书,或者是其他别的(又被称为"贿赂"的)措施。

要保证作业能够引起他们的兴趣

这一点看起来很简单,但是真要让你布置的作业兼有足够的难度、吸引力和实用价值,可不是一件容易的事儿。你的作业越能做到这一点,就会有越多的学生愿意完成它,这点是毋庸置疑的。在与电视、游戏、朋友以及社交媒体的竞争中,如果他们觉得你的作业毫无亮点,或者是太无聊、太枯燥或者太容易,那么他们显然不愿意去主动完成你的任务。作为一项长期的策略,如果学生们在完成了功课后,能够收获到自豪感和成就感的话,那么今后他们当然会更愿意主动地去完成作业。

布置难度适中的家庭作业

理想的家庭作业应该是课堂作业的延续(而不是还要增加什么新的知

识），因此他们事先就应该知道如何完成它们。他们需要准确地知道自己的目标是什么，以及完成作业之后的成果又是什么。如果给他们的作业漫无边际，毫无提示，那他们肯定不愿意做！

可以包含一种选择性

选择是一种不可思议的有力动因，因此它也应该包含在家庭作业当中。赋予他们一定的权利，让他们可以选择自己的作业（比如说：从下面五项作业当中挑选三项完成），或者可以选择某种完成方式（比如说：画一张思维导图、报告、图例示意、杂志类文章或者其他可以显示的实例）。

把它写下来

一定要保证学生们在离开教室之前把作业（或者是一些有关的说明）清楚地记录下来，或者是把他们贴到班级的博客上或者是网站上，那么他们就可以随时看到它，这样做就消除了"我不知道要做什么"的借口，而在他们有可能出现困难的时候，可以给予他们一些提示。

包含团队互动

我们都知道学生们喜欢在一起工作，那么你可以不时地（或者你发现这个方法确实有效，也可以把它变成一种日常行为）布置一些需要学生们以小组形式共同完成的家庭作业。来自于工作中同伴们的督促和鼓励，会成为学生之间相互给予的额外动力，最后促使大家共同完成任务。

让家长或监护人都参与进来

如果你自己有孩子的话，那么毫无疑问，你能够体会家庭作业会在家里产生多大范围的影响。家长们会采用五花八门的手段让孩子做作业，而孩子们则以撒谎、逃避、发誓、找借口和拖延的策略周旋。

在很多家庭里，每天晚上都会为了完成家庭作业的问题爆发"第三次世界大战"，而在另外的一些家庭里甚至根本不敢提及这个问题。记住，很多家长和监护人（甚至包括那些看起来最不愿配合学校的家长们）都对得到学校关于家庭作业方面的帮助和指导感到高兴。而作为回报，他们也非常愿意高效地支持你。

如果你在取得一些家长的支持方面遇到一些麻烦，那么关键就是要说服他们：你是在帮助他们和他们的孩子，并且让完成作业这件事变得更加简单和轻松。你不要理会他们的想法，好像这件事关乎你的利益或者就是要遵守学校的规定。只要告诉他们，这样做可以帮助他们的孩子取得进步、走向成功或者是做得更好。你需要向他们说明，来自家庭的支持可以让他们的孩子在学校里取得巨大的进步，然后他们也会在家庭生活中取得进步，成为一个更加快乐的孩子，更加轻松地生活，少些争辩，少些拖延，更少了些不去学校的无理要求。

首先要向家长解释清楚，家庭作业的成果来自于相互独立的三个方面的努力，学校、学生和家庭，每一个方面都离不开其他两方面的帮助，只有这样，这个系统才能正常运转。把那些迟交或者缺交家庭作业的记录给家长过目，并且向家长解释清楚学校处理缺交家庭作业这种行为的政策及过程是什么。再补充一句：缺交作业对学生来说，既不可能让他们感到快乐，也对他们没有好处。如果可能，你可以把全年级的作业完成情况及影响效果也一并展示给家长看。

接下来，你可以向家长描述他们可以帮助完成的一些具体事项，以及出现上述情况时他们该怎么做。家长也许需要一份家庭作业的清单，你可以同时告诉他们这些作业要求在多长时间内完成，或者在多少天内需要上交。你最好给家长们提供一份每项作业完成时间的建议，设计一个常规的、明确的作业时间计划——比如下午4:30-5:30，帮助学生掌握管理时间的技巧。

尝试着鼓励家长在晚间提早设定完成作业的时间表，这样孩子们完成作业后仍然会感到精力充沛，这样做的目的是养成不影响晚上娱乐时间的作业习惯或者是惯例。另一个提早设定完成作业的时间表的原因，是可以在最后给孩子们一点娱乐时间作为奖赏。如果把家庭作业安排成晚上要完成的最后一件事，而孩子们已经被允许玩了电脑游戏或者是看了电视，那么还有什么可以奖励他们的呢？

家长可能需要一张在家里用得着的学习材料和工具的清单。在某些情况下，学校可以提供这些材料给家长，你自己甚至可以在布置作业时专门列出一项"家长请注意"的栏目，便于他们在学生们写作业遇到困难时，可以参与其中并提供一些帮助和指导。我曾经接触过许多对孩子的学习要求非常严格的家长，他们都对我提供的这些材料和指导感到很满意。

最后，家长可以采用一些合适的措施来管理孩子的行为，孩子可以从中受益（比如，写作业时暂扣学生的手机，减少看电视和玩电脑游戏时间，不完成作业没有零花钱，等等）。你要求家长做到的这些越具体，他们配合的程度反而越高。以我的经验来看，家长们喜欢花费大量的时间和孩子们在一起，但是真正安静的长时间的交流却很少，因此，当学生们享受到与日俱增的亲情关爱后，心中的成就感也在自然而然地增进。

应对那些不带文具的学生

学生们不带齐合适的教学用具来上课，这看起来属于那种不太重要的管理问题，它们通常被某个老师放在问题处理的最末位，感觉他们应该更直接、更集中精力地去处理那些更加严重的问题。在一个活跃的班级，当你看到查泰来和考特尼厮打在一起，利亚姆在抽烟，卡尔在朝康诺尔吐口水，基依把课本扔向强尼，而强尼正在向班长助理说脏话，所有的这一切发生在同一时间，而递一支笔给忘了带笔的吉利只是举手之劳。毕竟看起来，这样做并没有让你为此大动干戈，是吧？

我们至少必须花点精力关心一下吉利没带笔这件事，原因是，所有这些看起来过于琐碎的小事如果失去控制的话，最后有可能会引发教室里的"捣蛋鬼"们精心准备的"爆炸性事件"的上演。为什么？因为无论什么事情，如果在你这里被默许的话，那么它就会高效率地传播。

每次你从事先准备好的、正在逐渐减少的富余的笔中递过一支给没带笔的学生时，你都在逐渐地改变学生们看待问题的态度。他们会认为不带笔就来上课这件事情没有什么大不了的，因为你会很快地给他们递上一支。久而久之，班上的每个同学都会依赖你的笔。结果，1支笔变成了35支，你就像发糖果一样把这些笔都散发出去，花去了一半的上课时间，而得到的却是一堆被用完的圆珠笔，以及一群因为没有第二次得到笔就开始吵闹的学生。

那么你的底线就是必须减少学生没有准备好文具的各种借口。让我们面对这个底线：没带笔是拒绝将口头叙述写在纸上的一个最好的借口，而没带尺子则是逃避测量或者画直线工作的最好的理由，那么没带彩笔则意味着你没办法让他完成画图任务，而如果没带圆规的话，干脆不用上需要画圆的几何课了吧（当然，他也没有机会用圆规给坐在前面的同学来个突然一戳了）？

你花在搜集、整理、搬运和监管教学用具和资源的时间越多，那么你上课的压力就会越大，帮助和管理你的学生的时间也就越少，而他们的依赖性也会越强。而且在此之前我还清楚地记得，那些有价值的课本和练习册被他们带回家之后，就此消失得无影无踪。

因此，我们必须克服这个坏习惯，这样大家都会更轻松。这里有一些教室管理策略，帮助你应对那些不带齐学习用具就到校的行为。

不要让课本和练习册在你的视线范围内消失

我非常确信一个学生的日常教室行为与他们把课本和练习册带回家后

归还给你的可能性之间,可以用一个复杂的数学公式来计算。但我们还是得说,对于那些爱惹麻烦的群体,这种完璧归赵的可能性是极小的,因此这也就带来了更大的麻烦。

我记得当学生的时候,把自己的练习册背回家总是一件心不在焉的事情,我每次想找它们时,它们总是消失在我那书包的深处,而且永远也看不到了。几乎每个星期我都会又有一本新的练习册,每门课都有!等到学期结束的时候,所有的练习册又统统出现了,上百本写着"罗博·普莱文"名字的练习册从各个说不出名字的地方冒出来,每一本上都写着两三页作业。或许这只是(缺乏组织性的)小男孩的通病,但的确也是你必须要解决的一个问题,否则你的整个课堂都要被颠覆了,到处都是叫喊声:"老师,老师,我需要一本新的练习册!"

第一步,你最好尝试不要让他们把练习册带回家,而是把它们放在一个学校的专用书架上(或书柜里)。是的,我知道你要布置家庭作业,但是你完全可以给他们另外一个单独的文件夹、练习本或者是活页文件,专门用来写家庭作业。而且永远也不要让他们把课本带回家,家里的那本课本,用复印机搞定就行了。

可以把资料和用具借给学生,但是要求他们脱下一只鞋作为抵押品

这是一位初中老师在几年前的一个聚会当中介绍给我的一个快速而有效的方法,而我在近几年的使用中,的确发现它在不同的班级里都相当有效,不过它应该属于本书中会令你感到不太舒服的策略之一。如果在炎热的夏季,班上一半同学都脱下了一只鞋子的时候,教室里的气味可想而知!但是我刚才说过,它可是一条能让你借出去的用具在下课之前完璧归赵的非常有效的办法。尽管我现在回过头来清点,自己已经搜集了一大堆各式各样的鞋,有些学生就是觉得用它去交换一支新的HB铅笔是一桩很公平的交易!

鼓励学生互相借用文具

从你自己的储备中给学生们提供学习用具，基本上就相当于赈灾施舍是有去无回的。让学生们相互之间借用可能是更好的办法，在每节课开始的一小段时间内，可以让没带文具的学生跟其他的同学借。但是，当他们试图用自己鞋子交换时，你就得改变策略了。

运用积极的方法

对任何教室里的问题来说，有两种办法可以大而化之地解决它们，奖励正面积极的行为和惩罚不当的行为。与其关注那些没带文具的学生，不如表扬那些每天自觉地带齐文具的同学，奖品可以是一支装饰得很夸张的塑料钢笔，或者是一只古典的乌斯沃斯训练鞋。

重点是教会学生你希望他们做到的行为

这是我个人最看重的事情，我始终坚信培养学生的独立性是教育中非常重要的事情。如果你能让学生变得越来越有责任感，那么你的工作就会越来越轻松。发给他们一份可以带回家的清单，上面罗列着第二天早上需要带到学校的各种物品，然后告诉他们可以用这份清单来提醒自己带齐物品（"一大早收拾书包的时候快速看一遍，把该带的东西都检查一下"）。

让家长或监护人参与进来

通知家长或者监护人他们的孩子没有带齐文具到校，也会引起家长们很多关注。解释一下这样的行为将会如何影响到其他功课的进程，以及这项生活技能（将来就是职业技能）是多么的重要。你甚至可以提及，缺乏组织性的孩子同样缺乏独立生活的能力，有的甚至30多岁了还不能离开父母单独生活，这些话通常家长们都会听进去。把你设计的清单也让他们了解一下，请他们每天晚上或者早上根据清单再提醒一下自己的孩子。

提供一个资源箱

在你的讲台上还是需要一直准备着一个资源箱。为了杜绝学生借了东西就不归还，甚至是偷偷窃取的行为，你可以在准备好的文具或者资料上做上清晰而醒目的标记。如果你要把什么东西借给男孩子的话，在上面涂上粉红色的指甲油应该是个好的"障碍"，可以有效地阻止他们私吞！

保留一份清晰的记录

要让学生们了解他们的行为造成的影响，一个好办法就是画一张表描述某个特定的问题会有什么后果。一张表可以提供清晰的记录，对学生和老师来说都是如此，在表上认真记录下学生忘记带学习用具或者是材料的次数。而对那些试图改进的学生来说，也可以提供一个明确的起点，"纳森，这周你每天都忘记这样那样的学习用具。让我们看看明天在你的表上是否可以得到一个正分，你觉得如何？"

应对经常迟到的学生

如果你使用过滤器法安顿绝大多数的学生，那么那些晚到的学生会破坏这个秩序。下面是一些供选择的方式和建设性意见，可以有效地防止不遵守时间的问题，还有一套完整的环环相扣的计划对付那些迟到的学生。

必须有合适而清晰的规则和处理措施

迟到是一个常见问题，尤其是在学生慢慢长大的过程中，但是你仍然要采取措施来尽量避免这样的事情发生。这时候，你必须有清晰而恒定的规则，以及准备充分的铁腕政策。学生们必须了解如果他们迟到了会有什么后果，而且每一次他们都不可能再找什么借口。

处理措施可以是一整套梯度上升的管理等级，从两分钟的课间留堂（如前面所述）到放学后用来弥补损失的时间，以及和家长们取得联系（在一些很严重的情况下）；或者这一切也可以做得幽默一些，比如说对那些打了上课铃还没有出现在座位上的同学，可以让他们到教室前面来唱一首歌，这样可以让每个人脸上都堆满笑容，并以一种乐观的情绪开始上课。一位喜欢幽默形式的同事告诉我，当两个同学同时迟到了，她会让他们来一段二重唱，甚至有时候会出现小合唱的形式。后来她发现，当她继续采用这种策略时，这个不守时的问题很快就不复存在了。

奖励那些守时的学生

你要相信，学生们全都可以表现得更好或者有较高的出勤率。不考虑态度方面的问题，这其实也涉及另外一些社会技能。要让他们认识到这点，你可以通过口头或者是文字的方式表扬他们，或者是给予其他特殊的奖励，而最正式的奖励，我觉得莫过于多给他们一些自由活动的时间。

意外！意外！

守时和出勤率可以通过一种娱乐的方式来加以督促。你可以每天随意地选择一名学生的书桌或者是椅子，在它们下面贴上一张纸条。准时到达的学生可以在他们的座位下面寻找这张纸条，然后得到一次挑选小奖品的机会。而那些缺席或者迟到的同学，这项奖励就被没收或者是取消了。

以下是针对迟到者的有步骤的教室管理计划：

- 尽可能不要理会迟到者。平静地、不慌不忙地记下他们的名字（假设你一开始还不熟悉他们），然后与他们确认："约翰，你迟到了10分钟……"
- 指着他们的座位，让他们赶紧坐好，并给他们安排一些任务，他们可以看黑板上还保留着的内容或图例，或者是让他们赶紧写作业，或者是当你把注意力转移到其他同学身上之前，让他们尽快进入学习状态。

- 在这个阶段不要去询问他迟到的原因,这样做很可能会打乱上课的流程并且把全班的注意力转移到你不想去的地方。可以给他们一个机会解释迟到的原因,不过那得是下课之后的两分钟了:"请坐好,开始完成(某项课堂作业),下课之后你可以跟我解释一下迟到的原因。"

- 当别的学生都已经准备好上课,要注意单独对待迟到者。如果大多数的同学已经开始学习,接下来就是要让迟到者尽快跟上学习进度。你可以通过把迟到者都编成一个组,然后给予他们完整的演示和课程介绍;或者更好的办法是找一个可以教他们的学生,与他们组成一组,这样就有人可以向他们解释现在的任务了。

- 表扬那些正在做题的同学,把注意力从迟到者身上转移到认真学习的同学上:"你们两个非常优秀……非常高兴你们理解得这么透彻。"

- 保存记录。让迟到者在到达的时候填写记录表并写上迟到的原因。把这份表的复印件以及注意事项,包括接下来的处理措施都送交家长或监护人。

- 如果发作业时,学生还没有到位,那你就把装有他们的作业的文件夹放到他们的桌子上。放学的时候,你通过文件夹上的标签就可以轻松地知道缺席的学生姓名,然后你把它们单独收起来,等第二天再让他们补上。

应对易怒的学生:如何化解冲突和争端

我们直接进入正题,向大家提供一些学生发生争执或者爆发冲突的情况下,我们该如何应对的方法。

保持冷静并保留超然心态

请记住:通常那些公然藐视规则的行为,都是急需帮助的请求或是惧怕失败的遮掩。没人希望自己看起来很愚蠢,而与权威争辩可以是一种非常实用的转移视线的方式,也是一种避免在别人面前显得自己很愚蠢的办法。要对学生们的需求保持高度敏感，善于发现隐藏在背后的真实原因，而不是事先就假定他们都是好斗分子。如果事先准备不足，那么你有可能恶化局势并让关系变得更糟糕。此外还要记住：就算是他们的行为和你的目标相差甚远，你也不要怒形于色，更不要在公众场合解决这种事情。

消除观众压力

一些学生在他们的同伴面前会有升级矛盾的倾向。如果可能的话，私下与学生进行讨论或者是尝试平复情绪，过后再来处理这个问题："我们现在不在这儿谈论这个问题，它会让你我都感到难堪。午饭时间你可以来找我，并把困扰你的事情都告诉我。早一点来，这样你还可以留下几分钟休息时间。"如果他们继续争论，采取以下的技巧。

从当前的事情或问题上转移他们的注意力

如果他们继续争辩，那得努力将他们的注意力从当前事件上转移出来。任何分散注意力的方式，比如说问他们一个无关主题的问题（"嗨！我听说你这周被足球队选中了"），或者让他们转移到一个全新的活动或场景中（"你过来，我们先看看这个现象……"），都可以转移他的注意力，给目前的情况降温并提供必须的改变方式。

非常无厘头的是，我以前曾经对一个狂怒、暴躁、正在大发雷霆的男孩子回应："你今天穿的袜子是什么颜色？"他立刻怔住了，脸上的表情马上从狂野的状态变成了完全迷惑的样子，他站在那儿不知所措地看着我。他的情绪发生了改变，说话的方式也发生了改变，而最后我们都笑了起来。"你的袜子是什么颜色？"（或者，你胡乱问一个类似问题）现在成了我拿来对付那些引燃了导火索的学生的常备反应。

什么都不做

一种让想与你争辩的人就此打住的最好方式，就是通过各种表现来无视他们，所以这里的办法也很简单和直接，那就是不理他们。沉默在任何时候都是有利的武器，可以让他们思考和琢磨自己的行为是否得当。对那些想要你回应他们的学生，你只需面无表情地看他们一眼，一言不发转身离去，就足以传递出一个信息，那就是：一切都在你的掌控之中，而你根本不屑于和他们继续争辩。

做先退一步的那个人

对学生说："我们两人都不希望这件事情继续升级，因此现在我们先搁置问题，如果你愿意的话可以稍后再来找我。"

给他们提供空间

对学生说："我不希望你离开，但是客观地说，我也不希望事情越闹越大，如果你需要离开教室让自己冷静下来，我的意思是你随时可以离开。门就在那儿，等你想好了随时回来都可以。"

给自己一个台阶

同意他们的意见或者是道歉，这是一剂伟大的缓和良药："我认为你是对的。你所说的话我会好好想一想，也许的确有的时候我有点武断了。你能接受我的道歉吗？然后我们就可以继续上课了。"

请求他们的帮助或是建议

请求学生们的帮助可以完全地让他们放下戒心，迅速地改变负面的言辞。这个办法比其他我采用过的方法都更加有效，可以完全消除年轻人的怒气，并让他们和你站在一边。从深层次的原因讲，我们所有人都有被别人需要的心理需求，而这也是人类的一个最为显著的基本性格特征。

约翰，我知道你对于技术设备方面很有一套——你可以帮我安装一下音频设备吗？等搞定了这事之后我们再谈你的家庭作业。

西蒙，我现在遇到一个问题。我的儿子和学校里的一位老师相处不是很愉快。我记得你曾经提到你也遇到过类似的情况；而你告诉我，你在过去几个月间发生了180度的大转变。你能给我几条建议，我可以教给我儿子吗？

如何与不配合的群体进行互动

如果你已经达到了从上课铃声到下课铃声之间都是一场战斗的境界，那么说明这个群体是完全反对你的，而你的办法已经都用尽了还到处是问题，那么现在就是采取极具影响力的行动的时刻了。

一个极端麻烦的群体，他们的行为通常是根深蒂固的。整个团队都习惯于和老师战斗以及相互争斗，破坏上课秩序已经变成了他们的日常游戏。这种情况下，上一节课对于老师来说简直是一场噩梦，如果你试图加以控制，则马上会招致谩骂、讥笑或者是嘲讽。

要打破这样的日常行为怪圈，需要用严格的纪律约束，让这个群体的所有人都退出教室，在你重新掌握教室的控制权之前不要让他们回来。同时手上还要有一些后续的处理措施，用它们来对付每一个出问题的人或每一件出问题的事。这点你要绝对自信，你不是一个人在作战，你有整个学校（规章、制度、以及同事）作为后盾在支持你！

另外一种方式叫作"清晰的记录"（稍后做详细解释），也可以打破这种负面的格局，我曾经多次使用过它并且它一直运转正常。当然注意事项也是必须的，你得事先感知这个群体是什么类型的，渴求关注型、天真幼稚型、愚钝型，以及其他一些常见的群体类型都适用于这种方法，最后的效果也相当好。但是对于那种少见的"行为粗鄙型"群体，你的这个方法可能根本行不通。如果他们成功了，你千万不要再尝试第二次，这个方法对你而言只有一次机会。

清晰的记录

第一步：打破他们的常规

首先你得有一些新鲜的小玩意儿，几购物袋的炸薯条、饼干、一些果汁杯，或者至少有一些塑料杯。你越能把这次活动设计成一个"特殊的机会"就越好，一些背景音乐（最好是他们自己选择的音乐，而不是你的）也会很有帮助，考虑到健康的话可以采购一些水果、坚果、燕麦食品以及一些海豚音哨。

将这些东西堆放在教室前方的一张大桌子上，然后按照下列文字道出你的开场白：

我们需要重新开始，我在想你们现在都迷失了方向，我们不能再这样下去了。因此我希望你们一起来参加这次活动，让我们找到一条前进的道路，咱们可以边吃边聊。

我到这里是为了来帮助你们的。如果我们总是在战斗，那我什么也帮不了你们，而那样会让我感觉很糟糕，因为我这份工作是有薪水的，我不能白拿钱不干活儿，这对你们也不公平，对你的父母和我来说都不公平。

我们每个人都不可能从目前的状况中获益，因为我知道你们每个人内心深处还是希望自己今后的生活能够过得很好，因此我希望我们现在可以一起学习，那么你们就可以得到一些积极的意见和建议。

那么……现在就让我们先来谈谈你们希望从上课中学到什么吧！

这个办法可以立即让这些麻烦的群体放下不必要的戒心，他们也不希望这样。这个活动释放了你已经准备好各种方式来和他们沟通的信号，这样的话，它在一开始就可以引起他们的重视，甚至是对你的一分尊敬。告诉他们，他们的反馈和意见会被用来编辑成班级的新的规章制度，一份同时可以带回家给家长看的班级管理说明。

第二步：集体讨论

理想的情况是学生们可以围在桌子边坐成一圈，然后指定一个学生当书记员，记录问题和回答，以及根据下列各种提问汇集而成的答案：

- 目前课堂中哪些方面运转良好？——你对我们的课程最满意的地方是什么？
- 目前课堂中哪些方面运转不畅？——你对我们的课程不满意的地方是什么？
- 作为一个团队，我们可以对课程的哪些方面进行改善？
- 你还需要在课堂上多了解一些什么？你需要哪种类型的活动？
- 我们还能改变的事情有哪些？

注意：在开始讨论之前，要保证所有的基本规则都被清楚地阐述过，最好写出来让大家都能够了解。如果有学生破坏了规则，要有后续的适当措施来处罚。

讨论规则：

（1）不能有令人难堪的言语或者举动。

（2）先举手再发言。

（3）当你手上拿到"发言球"时才可以讲话（用一种击鼓传花的方式来传递"发言球"，也可以是谁想发言就把"发言球"递到他手上）。

（4）别人发言时要注意倾听，不要随意打断——每个人都有倾听的权利。

（5）把自己的手脚放好，不要越界。

结果：

第一阶段：被排除在讨论之外，但可以继续在教室里待5分钟。

第二阶段：到教室外面待上5分钟。

第三阶段：到别的教室（或高级别教师的教室）里待一会儿。

不要草率地完成各个讨论点，每次把一个问题谈透彻，让尽可能多的学生都发表自己的意见。比如"你对我们的课程不满意的地方是什么"这个问题，就需要学生们尽量回答全面，这样便于你把他们的答案汇总起来，然后才能找到让他们觉得不妥的真实原因。

一些学生有可能会告诉你，实际上他们并不喜欢这种形式，因为大家的声音太嘈杂（说心里话，所有的学生都想好好完成任务）。这就需要更深入的讨论，比如讨论规则和措施的必要性。最终，他们的反馈会被用于创建一套新的班级规则中，因此，在这个阶段让他们明白规则的价值是非常必要的。

为了充分拓展这个问题，你可以提问："在一个教室中如果没有规则会发生什么"或者是用足球比赛，或者是在马路上开车来做类比："如果没有裁判，或者没有交通规则会发生什么样的情况？"抑或是："如果马路上没有交通信号指示灯，或者没有交通标志会发生什么样的情况？"等等。

第三步：最后阶段

讨论结束之后，将他们的反馈汇编成一份简要文件，其中包括3~5项新的教室管理规定（要基于他们认为现在的课程所存在的问题），同时附上一份清单，清楚罗列他们希望你在上课过程中包含（或排除）的内容（比如他们喜欢或不喜欢的某项活动）。当众宣读一遍这份简要的表格，以此来消除任何可能的冲突，然后让学生们像签合同一样，在每一份复印件上签上自己的名字，成为未来的班级公约。

结 语

好的课堂，激发学生内在动力与学习热情

那么现在，我们已经进入上课的尾声。到现在我们已经有了自己的班级常规和教室管理要点，并且我们已经学会了处理各种特殊问题的策略。下一步，教师们都能准确地知道要让学生们做什么了——尽快放学回家！因此你可以给出以下两种指令（想一想：任何指令都会指向最大的成功机会吗？如果正确答案到现在还不明确的话，你可以走出来坐到教室后面去了）：

（1）下课铃快响了。请把所有的东西收好，准备放学，请……好了，各位同学！现在快一点……让我们快点收拾！加快速度！

（2）好了各位！5分钟之后下课铃即将响起——是时候收拾自己的物品了！你们都知道应该怎么做！

在给出（2）指示之后，老师将手指向一份打印出来的日常常规，它张贴在教室前面的墙壁上，清楚地写着：

> 下课前完成的规范行为：
> 1. 把所有课本放在书架上并且把练习册放在自己的书桌上。
> 2. 将所有的学习用具收好放在抽屉或者壁橱里。
> 3. 把自己的学习区域打扫干净并安静地坐着，眼睛看着前面。
> 4. 在你得到允许离开后，把自己的椅子推到桌子下面，并且安静地离开。
> 5. 如果这是今天的最后一节课，把所有的椅子靠墙堆放好。

含混的指令（1）：很多时候会造成学生们的不知所措，因为它们并没有给学生们足够清楚的指令。他们会怀疑、装聋作哑，宣称他们听不到铃声，大声抗议他们不知道该把东西放在哪儿。什么是一件能够快速消除浪费时间行为的简单工作呢？只要你发现你还在不断地重复指令、大喊大叫、声嘶力竭，或者是不得不一个接一个地处理采取逃避战术的学生时，你就没有达到这个境界。

清晰的指令（2）：为什么能够运转良好？那是因为老师已经提前花时间教给学生们一项非常清楚的日常规范，所以学生们就不会困惑或浪费时间。没有必要重复指令，没有必要检查每一个人是否都明白它，或者是还需要给那些没有照做的学生以提示。每个人都很清楚自己该做什么，而老师只需要轻松地关照整个过程，几乎不需要任何干预和插手。

那么，就是这样了！通过我们开发出来的这些策略，我们希望你可以做好充分的准备，并对你的下一节课信心十足！

"常青藤"书系—中青文教师用书总目录

	书名	书号	定价
	特别推荐——从优秀到卓越系列		
★	从优秀教师到卓越教师：极具影响力的日常教学策略	9787515312378	33.80
★	从优秀教学到卓越教学：让学生专注学习的最实用教学指南	9787515324227	39.90
★	从优秀学校到卓越学校：他们的校长在哪些方面做得更好	9787515325637	59.90
★	卓越课堂管理（中国教育新闻网2015年度"影响教师的100本书"）	9787515331362	88.00
	名师新经典/教育名著		
	最难的问题不在考试中：先别教答案，带学生自己找到想问的事	9787515365930	48.00
	在芬兰中小学课堂观摩研修的365日	9787515363608	49.00
★	马文·柯林斯的教育之道：通往卓越教育的路径（《中国教育报》2019年度"教师喜爱的100本书"，中国教育新闻网"影响教师的100本书"。朱永新作序，李希贵力荐）	9787515355122	49.80
★	如何当好一名学校中层：快速提升中层能力、成就优秀学校的31个高效策略	9787515346519	49.00
★	像冠军一样教学：引领学生走向卓越的62个教学诀窍	9787515343488	49.00
★	像冠军一样教学2：引领教师掌握62个教学诀窍的实操手册与教学资源	9787515352022	68.00
★	如何成为高效能教师	9787515301747	89.00
★	给教师的101条建议（第三版）（《中国教育报》"最佳图书"奖）	9787515342665	49.00
★	改善学生课堂表现的50个方法（入选《中国教育报》"影响教师的100本书"）	9787500693536	33.00
	改善学生课堂表现的50个方法操作指南：小技巧获得大改变	9787515334783	39.00
	美国中小学世界历史读本/世界地理读本/艺术史读本	9787515317397等	106.00
	美国语文读本1-6	9787515314624等	252.70
	和优秀教师一起读苏霍姆林斯基	9787500698401	27.00
	快速破解60个日常教学难题	9787515339320	39.90
★	美国最好的中学是怎样的——让孩子成为学习高手的乐园	9787515344713	28.00
	建立以学习共同体为导向的师生关系：让教育的复杂问题变得简单	9787515353449	33.80
	教师成长/专业素养		
	更好的沟通：如何通过训练变得更可信、更体贴、更有人脉	9787515372440	59.90
	教师生存指南：即查即用的课堂策略、教学工具和课程活动	9787515370521	79.00
	如何更积极地教学	9787515369594	49.00
	教师的专业成长与评价性思考：专业主义如何影响和改变教育	9787515369143	49.90
	精益教育与可见的学习：如何用更精简的教学实现更好的学习成果	9787515368672	59.00
	教学这件事：感动几代人的教师专业成长指南	9787515367910	49.00
	如何更快地变得更好：新教师90天培训计划	9787515365824	59.90
	让每个孩子都发光：赋能学生成长、促进教师发展的KIPP学校教育模式	9787515366852	59.00
	60秒教师专业发展指南：给教师的239个持续成长建议	9787515366739	59.90
	通过积极的师生关系提升学生成绩：给教师的行动清单	9787515356877	49.00
	卓越教师工具包：帮你顺利度过从教的前5年	9787515361345	49.00
★	可见的学习与深度学习：最大化学生的技能、意志力和兴奋感	9787515361116	45.00
	学生教给我的17件重要的事：带给你爱、勇气、坚持与创意的人生课堂	9787515361208	39.80
★	教师如何持续学习与精进	9787515361109	39.00
	从实习教师到优秀教师	9787515358673	39.90
	像领袖一样教学：改变学生命运，使学生变得更好（中国教育新闻网2015年度"影响教师的100本书"）	9787515355375	49.00
★	你的第一年：新教师如何生存和发展	9787515351599	33.80
	教师精力管理：让教师高效教学，学生自主学习	9787515349169	39.90
	如何使学生成为优秀的思考者和学习者：哈佛大学教育学院课堂思考解决方案	9787515348155	49.90
	反思性教学：一个已被证明能让教师做到更好的培训项目（30周年纪念版）	9787515347837	59.90
★	凭什么让学生服你：极具影响力的日常教育策略（中国教育新闻网2017年度"影响教师的100本书"）	9787515347554	39.90
	运用积极心理学提高学生成绩（中国教育新闻网2017年度"影响教师的100本书"）	9787515345680	59.90

	书名	书号	定价
	可见的学习与思维教学：成长型思维教学的54个教学资源：教学资源版	9787515354743	36.00
★	可见的学习与思维教学：让教学对学生可见，让学习对教师可见（中国教育报2017年度"教师最喜爱的100本书"）	9787515345000	39.90
	教学是一段旅程：成长为卓越教师你一定要知道的事	9787515344478	39.00
	安奈特·布鲁肖给教师的101首诗	9787515340982	35.00
	万人迷老师养成宝典学习指南	9787515340784	28.00
	中小学教师职业道德培训手册：师德的定义、养成与评估	9787515340777	32.00
	成为顶尖教师的10项修炼（中国教育新闻网2015年度"影响教师的100本书"）	9787515334066	49.90
★	T.E.T.教师效能训练：一个已被证明能让所有年龄学生做到最好的培训项目（30周年纪念版）（中国教育新闻网2015年度"影响教师的100本书"）	9787515332284	49.00
	教学需要打破常规：全世界最受欢迎的创意教学法（中国教育新闻网2015年度"影响教师的100本书"）	9787515331591	45.00
	给幼儿教师的100个创意：幼儿园班级设计与管理	9787515330310	39.90
	给小学教师的100个创意：发展思维能力	9787515327402	29.00
	给中学教师的100个创意： 如何激发学生的天赋和特长／杰出的教学／快速改善学生课堂表现	9787515330723等	87.90
	以学生为中心的翻转教学11法	9787515328386	29.00
	如何使教师保持职业激情	9787515305868	29.00
★	如何培训高效能教师：来自全美权威教师培训项目的建议	9787515324685	39.90
	良好教学效果的12试金石：每天都需要专注的事情清单	9787515326283	29.90
★	让每个学生主动参与学习的37个技巧	9787515320526	45.00
	给教师的40堂培训课：教师学习与发展的最佳实操手册	9787515352787	39.90
	提高学生学习效率的9种教学方法	9787515310954	27.80
★	优秀教师的课堂艺术：唤醒快乐积极的教学技能手册	9787515342719	26.00
★	万人迷老师养成宝典（第2版）（入选《中国教育报》"2010年影响教师的100本书"）	9787515342702	39.00
	高效能教师的9个习惯	9787500699316	26.00
	课堂教学/课堂管理		
★	如何成为一名反思型教师	9787515372754	59.90
	设计有效的教学评价与评分系统	9787515372488	49.90
	卓有成效的课堂管理	9787515372464	49.90
	如何在课堂上使用反馈和评价	9787515371719	49.90
	跨学科阅读技能训练：让学生学会通过阅读而学习	9787515372105	49.90
★	老师怎么做，学生才会听：给教师的学生行为管理指南	9787515370811	59.90
	精讲式学习法：基于提高学生能力的学习方法	9787515370606	49.90
	好的教学是设计出来的：一套详细、先进、实用的卓越课堂设计和实施方案	9787515370705	49.00
	翻转课堂与差异化教学：以学生为中心的课内翻转教学法	9787515370590	49.00
	精益备课法：在课堂上少做多得的实用方法	9787515370088	49.00
	记忆教学法：利用记忆在课堂上建立深入和持久的学习	9787515370095	49.00
	动机教学法：利用学习动机科学来提高课堂上的注意力和努力	9787515370101	49.00
★	课堂上的提问逻辑：更深度、更系统地促进学生的学习与思考	9787515369983	49.90
	可见的教学影响力：系统地执行可见的学习5D深度教学	9787515369624	59.00
	极简课堂管理法：给教师的18个精进课堂管理的建议	9787515369600	49.00
★	像行为管理大师一样管理你的课堂：给教师的课堂行为管理解决方案	9787515368108	59.00
	差异化教学与个性化教学：未来多元课堂的智慧教学解决方案	9787515367095	49.90
	如何设计线上教学细节：快速提升线上课程在线率和课堂学习参与度	9787515365886	49.00
	设计型学习法：教学与学习的重新构想	9787515366982	59.00
	让学习真正在课堂上发生：基于学习状态、高度参与、课堂生态的深度教学	9787515366975	49.00
	让教师变得更好的75个方法：用更少的压力获得更快的成功	9787515365831	49.00
	技术如何改变教学：使用课堂技术创造令人兴奋的学习体验，并让学生对学习记忆深刻	9787515366661	49.00
	课堂上的问题形成技术：老师怎样做，学生才会提出好的问题	9787515366401	45.00

	书名	书号	定价
	翻转课堂与项目式学习	9787515365817	45.00
★	优秀教师一定要知道的19件事：回答教师核心素养问题，解读为什么要向优秀者看齐	9787515366630	39.00
	从作业设计开始的30个创意教学法：运用互动反馈循环实现深度学习	9787515366364	59.00
	基于课堂中精准理解的教学设计	9787515365909	49.00
	如何创建培养自主学习者的课堂管理系统	9787515365879	49.00
	如何设计深度学习的课堂：引导学生学习的176个教学工具	9787515366715	49.90
	如何提高课堂创意与参与度：每个教师都可以使用的178个教学工具	9787515365763	49.90
	如何激活学生思维：激励学生学习与思考的187个教学工具	9787515365770	49.90
	男孩不难教：男孩学业、态度、行为问题的新解决方案	9787515364827	49.00
★	高度参与的线上线下融合式教学设计：极具影响力的备课、上课、练习、评价项目教学法	9787515364438	49.00
★	跨学科项目式教学：通过"+1"教学法进行计划、管理和评估	9787515361086	49.00
	课堂上最重要的56件事	9787515360775	35.00
	全脑教学与游戏教学法	9787515360690	39.00
★	深度教学：运用苏格拉底式提问法有效开展备课设计和课堂教学	9787515360591	49.90
★	一看就会的课堂设计：三个步骤快速构建完整的课堂管理体系	9787515360584	39.90
	如何有效激发学生学习兴趣	9787515360577	38.00
	如何解决课堂上最关键的9个问题	9787515360195	49.00
	多元智能教学法：挖掘每一个学生的最大潜能	9787515359885	39.90
★	探究式教学：让学生学会思考的四个步骤	9787515359496	39.00
	课堂提问的技术与艺术	9787515358925	49.00
	如何在课堂上实现卓越的教与学	9787515358321	49.00
	基于学习风格的差异化教学	9787515358437	39.90
★	如何在课堂上提问：好问题胜过好答案	9787515358253	39.00
★	高度参与的课堂：提高学生专注力的沉浸式教学	9787515357522	39.90
	让学习变得有趣	9787515357782	39.00
★	如何利用学校网络进行项目式学习和个性化学习	9787515357591	39.90
	基于问题导向的互动式、启发式与探究式课堂教学法	9787515356792	49.00
	如何在课堂中使用讨论：引导学生讨论式学习的60种课堂活动	9787515357027	38.00
	如何在课堂中使用差异化教学	9787515357010	39.90
★	如何在课堂中培养成长型思维	9787515356754	39.90
	每一位教师都是领导者：重新定义教学领导力	9787515356518	39.90
★	教室里的1-2-3魔法教学：美国广泛使用的从学前到八年级的有效课堂纪律管理	9787515355986	39.90
	如何在课堂中使用布卢姆教育目标分类法	9787515355658	39.00
	如何在课堂上使用学习评估	9787515355597	39.00
	7天建立行之有效的课堂管理系统：以学生为中心的分层式正面管教	9787515355269	29.90
	积极课堂：如何更好地解决课堂纪律与学生的冲突	9787515354590	38.00
	设计智慧课堂：培养学生一生受用的学习习惯与思维方式	9787515352770	39.00
	追求学习结果的88个经典教学设计：轻松打造学生积极参与的互动课堂	9787515353524	39.00
	从备课开始的100个课堂活动设计：创造积极课堂环境和学习乐趣的教师工具包	9787515353432	33.80
	老师怎么教，学生才能记得住	9787515353067	48.00
	多维互动式课堂管理：50个行之有效的方法助你事半功倍	9787515353395	39.80
	智能课堂设计清单：帮助教师建立一套规范程序和做事方法	9787515352985	49.90
	提升学生小组合作学习的56个策略：让学生变得专注、自信、会学习	9787515352954	29.90
	快速处理学生行为问题的52个方法：让学生变得自律、专注、爱学习	9787515352428	39.00
	王牌教学法：罗恩·克拉克学校的创意课堂	9787515352145	39.80
	让学生快速融入课堂的88个趣味游戏：让上课变得新颖、紧凑、有成效	9787515351889	39.00
★	如何调动与激励学生：唤醒每个内在学习者（李希贵校长推荐全校教师研读）	9787515350448	39.80
	合作学习技能35课：培养学生的协作能力和未来竞争力	9787515340524	59.00
	基于课程标准的STEM教学设计：有趣有料有效的STEM跨学科培养教学方案	9787515349879	68.00

	书名	书号	定价
	如何设计教学细节：好课堂是设计出来的	9787515349152	39.00
	15秒课堂管理法：让上课变得有料、有趣、有秩序	9787515348490	49.00
	混合式教学：技术工具辅助教学实操手册	9787515347073	39.80
	从备课开始的50个创意教学法	9787515346618	39.00
	中学生实现成绩突破的40个引导方法	9787515345192	33.00
	给小学教师的100个简单的科学实验创意	9787515342481	39.00
	老师如何提问，学生才会思考	9787515341217	49.00
	教师如何提高学生小组合作学习效率	9787515340340	39.00
	卓越教师的200条教学策略	9787515340401	49.90
	中小学生执行力训练手册：教出高效、专注、有自信的学生	9787515335384	49.90
	从课堂开始的创客教育：培养每一位学生的创造能力	9787515342047	33.00
	提高学生学习专注力的8个方法：打造深度学习课堂	9787515333557	35.00
	改善学生学习态度的58个建议	9787515324067	36.00
★	全脑教学（中国教育新闻网2015年度"影响教师的100本书"）	9787515323169	38.00
★	全脑教学与成长型思维教学：提高学生学习力的92个课堂游戏	9787515349466	39.00
★	哈佛大学教育学院思维训练课：让学生学会思考的20个方法	9787515325101	59.90
	完美结束一堂课的35个好创意	9787515325163	28.00
	如何更好地教学：优秀教师一定要知道的事	9787515324609	49.90
	带着目的教与学	9787515323978	39.90
★	美国中小学生社会技能课程与活动（学前阶段/1-3年级/4-6年级/7-12年级）	9787515322537等	215.70
	彻底走出教学误区：开启轻松智能课堂管理的45个方法	9787515322285	28.00
	破解问题学生的行为密码：如何教好焦虑、逆反、孤僻、暴躁、早熟的学生	9787515322292	36.00
	13个教学难题解决手册	9787515320502	28.00
★	让学生爱上学习的165个课堂游戏	9787515319032	59.00
	美国学生游戏与素质训练手册：培养孩子合作、自尊、沟通、情商的103种教育游戏	9787515325156	49.00
	老师怎么说，学生才会听	9787515312057	39.00
	快乐教学：如何让学生积极与你互动（入选《中国教育报》"影响教师的100本书"）	9787500696087	29.00
★	老师怎么教，学生才会提问	9787515317410	29.00
★	快速改善课堂纪律的75个方法	9787515313665	39.90
	教学可以很简单：高效能教师轻松教学7法	9787515314457	39.00
	好老师可以避免的20个课堂错误（入选《中国教育报》"影响教师的100本图书"）	9787500688785	39.90
	好老师应对课堂挑战的25个方法（《给教师的101条建议》作者新书）	9787500699378	25.00
★	好老师激励后进生的21个课堂技巧	9787515311838	39.80
	开始和结束一堂课的50个好创意	9787515312071	29.80
	好老师因材施教的12个方法（美国著名教师伊莉莎白"好老师"三部曲）	9787500694847	22.00
★	如何打造高效能课堂	9787500680666	29.00
	合理有据的教师评价：课堂评估衡量学生进步	9787515330815	29.00
班主任工作/德育			
	30年班主任，我没干够（《凭什么让学生服你》姊妹篇）	9787515370569	59.00
★	北京四中8班的教育奇迹	9787515321608	36.00
★	师德教育培训手册	9787515326627	29.80
★	好老师征服后进生的14堂课（美国著名教师伊莉莎白"好老师"三部曲）	9787500693819	39.90
	优秀班主任的50条建议：师德教育感动读本（《中国教育报》专题推荐）	9787515305752	23.00
学校管理/校长领导力			
★	哈佛大学教育学院学校创新管理课	9787515369389	59.90
	如何构建积极型学校	9787515368818	49.90
	卓越课堂的50个关键问题	9787515366678	39.00
	如何培育卓越教师：给学校管理者的行动清单	9787515357034	39.00
★	学校管理最重要的48件事	9787515361055	39.80
	重新设计学习和教学空间：设计利于活动、游戏、学习、创造的学习环境	9787515360447	49.90

书名	书号	定价
重新设计一所好学校：简单、合理、多样化地解构和重塑现有学习空间和学校环境	9787515356129	49.00
让樱花绽放英华	9787515355603	79.00
学校管理者平衡时间和精力的21个方法	9787515349886	29.90
校长引导中层和教师思考的50个问题	9787515349176	29.00
如何定义、评估和改变学校文化	9787515340371	49.90
优秀校长一定要做的18件事（入选《中国教育报》"2009年影响教师的100本书"）	9787515342733	39.90
学科教学/教科研		
精读三国演义20讲：读写与思辨能力提升之道	9787515369785	59.90
中学古文观止50讲：文言文阅读能力提升之道	9787515366555	59.90
完美英语备课法：用更短时间和更少材料让学生高度参与的100个课堂游戏	9787515366524	49.00
人大附中整本书阅读取胜之道：让阅读与作文双赢	9787515364636	59.90
北京四中语文课：千古文章	9787515360973	59.00
北京四中语文课：亲近经典	9787515360980	59.00
从备课开始的56个英语创意教学：快速从小白老师到名师高手	9787515359878	49.90
美国学生写作技能训练	9787515355979	39.90
《道德经》妙解、导读与分享（诵读版）	9787515351407	49.00
京沪穗江浙名校名师联手教你：如何写好中考作文	9787515356570	49.90
京沪穗江浙名校名师联手授课：如何写好高考作文	9787515356686	49.80
★ 人大附中中考作文取胜之道	9787515345567	59.90
★ 人大附中高考作文取胜之道	9787515320694	49.90
★ 人大附中学生这样学语文：走近经典名著	9787515328959	49.90
四界语文（入选《中国教育报》2017年度"教师喜爱的100本书"）	9787515348483	49.00
让小学一年级孩子爱上阅读的40个方法	9787515307589	39.90
让学生爱上数学的48个游戏	9787515326207	26.00
轻松100课教会孩子阅读英文	9787515338781	88.00
情商教育/心理咨询		
如何防止校园霸凌：帮助孩子自信、有韧性和坚强成长的实用工具	9787515370156	59.90
连接课：与中小学学科课程并重的一门课	9787515370613	49.90
给大人的关于儿童青少年情绪与行为问题的应对指南	9787515366418	89.90
教师焦点解决方案：运用焦点解决方案管理学生情绪与行为	9787515369471	49.90
9节课，教你读懂孩子：妙解亲子教育、青春期教育、隔代教育难题	9787515351056	39.80
★ 学生版盖洛普优势识别器（独一无二的优势测量工具）	9787515350387	169.00
与孩子好好说话（获"美国国家育儿出版物（NAPPA）金奖"）	9787515350370	39.80
中小学心理教师的10项修炼	9787515309347	36.00
★ 别和青春期的孩子较劲（增订版）（入选《中国教育报》"2009年影响教师的100本书"）	9787515343075	39.90
★ 100条让孩子胜出的社交规则	9787515327648	28.00
守护孩子安全一定要知道的17个方法	9787515326405	32.00
幼儿园/学前教育		
幼儿室内区域活动书：107个有趣的学习游戏活动	9787515369778	59.90
幼儿户外区域活动书：106个有趣的学习游戏活动	9787515369761	59.90
中挪学前教育合作式学习：经验·对话·反思	9787515364858	79.00
幼小衔接听读能力课	9787515364643	33.00
用蒙台梭利教育法开启0~6岁男孩潜能	9787515361222	45.00
德国幼儿的自我表达课：不是孩子爱闹情绪，是她/他想说却不会说！	9787515359458	59.00
德国幼儿教育成功的秘密：近距离体验德国学前教育理念与幼儿园日常活动安排	9787515359465	49.80
美国儿童自然拼读启蒙课：至关重要的早期阅读训练系统	9787515351933	49.80
幼儿园30个大主题活动精选：让工作更轻松的整合技巧	9787515339627	39.80
★ 美国幼儿教育活动大百科：3-6岁儿童学习与发展指南用书 科学/艺术/健康与语言/社会	9787515324265等	600.00
蒙台梭利早期教育法：3-6岁儿童发展指南（理论版）	9787515322544	29.80
蒙台梭利儿童教育手册：3-6岁儿童发展指南（实践版）	9787515307664	33.00

	书名	书号	定价
★	自由地学习：华德福的幼儿园教育	9787515328300	49.90
教育主张/教育视野			
	为问题提出而教：支持学生从问题走向问题解决的学习模型	9787515372716	59.90
	重新定义教育：为核心素养而教，为生存能力而学	9787515369945	59.90
	重新定义学习：如何设计未来学校与引领未来学习	9787515367484	49.90
	教育新思维：帮助孩子达成目标的实战教学法	9787515365848	49.00
★	教学是如何发生的：关于教学与教师效能的开创性研究及其实践意义	9787515370323	59.90
★	学习是如何发生的：教育心理学中的开创性研究及其实践意义	9787515366531	59.90
	父母不应该错过的犹太人育儿法	9787515365688	59.00
	如何在线教学：教师在智能教育新形态下的生存与发展	9787515365855	49.00
	正向养育：黑幼龙的慢养哲学	9787515365671	39.90
	颠覆教育的人：蒙台梭利传	9787515365572	59.90
	如何科学地帮助孩子学习：每个父母都应知道的77项教育知识	9787515368092	59.90
	学习的科学：每位教师都应知道的99项教育研究成果（升级版）	9787515368078	59.90
	学习的科学：每位教师都应知道的77项教育研究成果	9787515364094	59.00
	真实性学习：如何设计体验式、情境式、主动式的学习课堂	9787515363769	49.00
	哈佛前1%的秘密（俞敏洪、成甲、姚梅林、张梅玲推荐）	9787515363349	59.90
	基于七个习惯的自我领导力教育设计：让学校育人更有道，让学生自育更有根	9787515362809	69.00
	终身学习：让学生在未来拥有不可替代的决胜力	9787515360560	49.90
	颠覆性思维：为什么我们的阅读方式很重要	9787515360393	39.90
	如何教学生阅读与思考：每位教师都需要的阅读训练手册	9787515359472	39.00
	成长型教师：如何持续提升教师成长力、影响力与教育力	9787515368689	48.00
	教出阅读力	9787515352800	39.90
	为学生赋能：当学生自己掌控学习时，会发生什么	9787515352848	33.00
★	如何用设计思维创意教学：风靡全球的创造力培养方法	9787515352367	39.80
	如何发现孩子：实践蒙台梭利解放天性的趣味游戏	9787515325750	32.00
	如何学习：用更短的时间达到更佳效果和更好成绩	9787515349084	49.00
	教师和家长共同培养卓越学生的10个策略	9787515331355	27.00
★	如何阅读：一个已被证实的低投入高回报的学习方法	9787515346847	39.00
★	芬兰教育全球第一的秘密（钻石版）（《中国教育报》等主流媒体专题推荐）	9787515359922	59.00
	培养终身学习能力和习惯的芬兰教育：成就每一个学生，拥有适应未来的核心素养和必备技能	9787515370415	59.00
★	杰出青少年的7个习惯（精英版）	9787515342672	39.00
	杰出青少年的7个习惯（成长版）	9787515335155	29.00
★	杰出青少年的6个决定（领袖版）（全国优秀出版物奖）	9787515342658	49.90
	7个习惯教出优秀学生（第2版）（全球畅销书《高效能人士的七个习惯》教师版）	9787515342573	39.90
	学习的科学：如何学习得更好更快（入选中国教育网2016年度"影响教师的100本书"）	9787515341767	39.80
	杰出青少年构建内心世界的5个坐标（中国青少年成长公开课）	9787515314952	59.00
	跳出教育的盒子（第2版）（美国中小学教学经典畅销书）	9787515344676	35.00
	夏烈教授给高中生的19场讲座	9787515318813	29.90
	学习之道：美国公认经典学习书	9787515342641	39.00
★	翻转学习：如何更好地实践翻转课堂与慕课教学（中国教育新闻网2015年度"影响教师的100本书"）	9787515334837	32.00
★	翻转课堂与慕课教学：一场正在到来的教育变革	9787515328232	26.00
	翻转课堂与混合式教学：互联网+时代，教育变革的最佳解决方案	9787515349022	29.80
	翻转课堂与深度学习：人工智能时代，以学生为中心的智慧教学	9787515351582	29.80
★	奇迹学校：震撼美国教育界的教学传奇（中国教育新闻网2015年度"影响教师的100本书"）	9787515327044	36.00
★	学校是一段旅程：华德福教师1-8年级教学手记	9787515327945	49.00
★	高效能人士的七个习惯（30周年纪念版）（全球畅销书）	9787515360430	79.00

您可以通过如下途径购买：
1. 书　　店：各地新华书店、教育书店。
2. 网上书店：当当网（www.dangdang.com）、天猫（zqwts.tmall.com）、京东网（www.jd.com）。
3. 团　　购：各地教育部门、学校、教师培训机构、图书馆团购，可享受特别优惠。
   购书热线：010-65511272 / 65516873

如何成为高效能教师

作者：(美)黄绍裘　黄露丝玛丽
定价：89.00元

- 美国教师培训经典
- 一套完整的高效能教师培训系统和教师核心素养提升解决方案
- 全球销量超400万册
- 超值赠送60分钟美国专业、受欢迎的网络教学视频
- 200页网络版主题教学拓展资源

卓越课堂管理

作者：(美)黄绍裘　黄露丝玛丽
定价：88.00元

- 获中国教育新闻网2015年度"影响教师的100本书"奖
- 获2016年第25届上海市中小学、幼儿园"优秀图书"奖
- 一套高效管理课堂的完整体系，为广大教师提供50种有效的课堂管理方案
- 并示范高效能教师的6套开学管理计划，让学生通过严格执行50种教育程序获得成功。

名校经典课

语文取胜　读写双赢

人大附中"金牌教师"于树泉 点拨之作
传授阅读、文言文、作文取胜之道